ANTIKE UND GEGENWART

EUROPA · IKARUS · ORPHEUS

Abendländische Symbolfiguren
in Ovids Metamorphosen
Fächerverbindende Projekte

Lehrerkommentar
von
Friedrich Maier

C. C. BUCHNERS VERLAG

ANTIKE UND GEGENWART

Lateinische Texte
zur Erschließung europäischer Kultur

Herausgegeben von Prof. Dr. Friedrich Maier,
Humboldt-Universität zu Berlin

Abbildungsnachweis: Archiv für Kunst und Geschichte, Berlin (1), Hildegard Kling (1), Friedrich Maier, Berlin (2), Wolfgang Mattheuer, Leipzig (1), Museum Ludwig, Köln (1), Brigitte Schneider (1), Jan Tomaschoff (1), Timm Ulrichs (1), Verlagsarchiv.

1. Auflage 1 [6 5 4 3] 2008 07 06 05
Die letzte Zahl bedeutet das Jahr dieses Drucks.

Alle Drucke dieser Auflage sind, weil untereinander unverändert, nebeneinander benutzbar.

Dieses Werk folgt der reformierten Rechtschreibung und Zeichensetzung. Ausnahmen bilden Texte, bei denen künstlerische, philologische oder lizenzrechtliche Gründe einer Änderung entgegenstehen.

www.ccbuchner.de

Gesamtherstellung: creo Druck & Medienservice GmbH, Bamberg

ISBN 3 7661 **5958** 5

Vorwort

Der lateinische Lektüreunterricht ist auf dem Wege, sich neu zu orientieren. Man lässt sich heute vornehmlich von der Frage leiten, welche Stoffe, Denkinhalte, Problemstellungen, Entdeckungen der Antike in der Gegenwart präsent und in ihren Wirkungen im Geistes- und Kulturleben so lebendig sind, dass sie nicht ohne Verlust der jeweils nachfolgenden Generation vorenthalten werden können. Was aus der Antike, das über Rom vermittelbar ist, gehört zum kulturellen Code, zu einer „Grammatik der Kultur", ohne die der allgemein gebildete Mensch nicht auskommt? Die antiken Stoffe sollten auf ihre europageschichtliche Vitalität hin sondiert werden.[1]

Wenn sich Latein als „Grundlagenfach eines europäischen Gymnasiums"[2] verstehen darf, dann schließt dieser Anspruch die Pflicht mit ein, diejenigen Elemente im Unterricht hervorzukehren, die eine europäische Identität anbahnen. Unter den fachübergreifenden Zielen und Leistungen eines modernen Lateinunterrichts erfasst deshalb das Lemma „Erfahrung der Kultur Europas" folgende Trias:

- — Begreifen der eigenen Kultur als Ergebnis einer langen Tradition,
- — Einsicht in die identitätsstiftende Kraft der antik-römischen Literatur,
- — Vertrautwerden mit dem europäischen Paradigma als Voraussetzung für den multikulturellen Dialog[3].

Zu den Wurzeln der europäischen Kultur zählt zweifellos der griechische Mythos, der größtenteils über Rom zu einem konstitutiven Element der Kultur dieses Erdteils, überhaupt der westlichen Welt geworden ist. Die visionäre Kraft griechischen Denkens im Bereich des Mythos erfüllte sich — auf dem Weg über die lateinische Literatur, besonders des Dichters Ovid — darin, dass viele der mythischen Gestalten und ihre Geschichten unsterblich geworden sind und uns als Erklärungsmodelle für Existenzweisen des Menschen (auch zur Heilung der menschlichen Seele) dienen.

Einige von ihnen, wie gerade „Europa", „Ikarus" und „Orpheus" gelten als europäische Chiffren und Symbole, in Russland ebenso verwendet wie in Spanien und in England. Die allen ins Auge springende Verwirklichung des visionären Impulses, der vom antiken Mythos ausgeht, ist zu erkennen in seinen ununterbrochen neuen Gestaltungen in Literatur, Malerei, Plastik, Musik und Film. Man denke an Rilke, Ausländer, Nick, Bruegel, Picasso, Marcks, Beckmann, Mattheuer, Rodin, Offenbach, Gluck, Orff, Jean Cocteau, Marcel Camus und viele andere.[4]

[1] Ausführlich dazu Verfasser: Ziel-Profil des Faches. In: Fink G., Maier, F.: Konkrete Fachdidaktik Latein. München—Wien 1996, 96 ff.

[2] S. dazu: Schmude, M. P.: Latein für das 21. Jahrhundert. Grundlagenfach eines europäischen Gymnasiums. In: FORUM CLASSICUM 1/97, 8 ff.

[3] Vgl. Verfasser: Latein auf gefestigter Basis in die Zukunft. In: PROFIL, Das Magazin für Gymnasium und Gesellschaft, 7–8/97, 21 ff.; ebenso in: FORUM CLASSICUM 1/97, 1 ff.

[4] S. dazu Verfasser: Griechisch — ein europäisches Bildungsgut. Von der visionären Kraft griechischen Denkens. In: FORUM CLASSICUM 3/97.

Ein ökonomisch und zielstrebig angelegter Lektüreunterricht wird sich also auf die wirklich begründenden Elemente der europäischen Kultur konzentrieren, um mitzuhelfen, diese im Denken der Menschheit präsent zu halten. Die in diesem Bändchen aufbereiteten mythischen Episoden von „Europa", „Ikarus" und „Orpheus" gehören ohne jeden Zweifel zu diesem Kulturgut. Lateinschüler müssen sie kennen. Sie gehören zu dem Wissen, worüber sich zu verständigen denen möglich sein sollte, die eine allgemeinbildende Schule besucht haben. Zur Verfestigung dieses Wissens und, um die Wirkung und Lebenskraft der davon erfassten Stoffe zu präsentieren, sie im wahrsten Sinne des Wortes vor Auge und Ohr der Schüler zu bringen, sind hier als notwendige Ergänzung ihre Rezeptionen in den verschiedenartigsten Ausprägungen und in den unterschiedlichsten Medien von der Antike bis zur Gegenwart den Originaltexten beigefügt. Dadurch sollte zugleich ein Anstoß zu fächerübergreifender Zusammenarbeit in der Schule gegeben werden. Zu diesem Zweck ist auch im Anschluss an die einzelnen Interpretationen einige wichtige weiterführende Literatur zusammengestellt.

Der Textband dieser Ausgabe ist durch Hinweise zur Verbesserung und gute Anregungen von Seiten der ministeriellen Gutachter gefördert worden; ihnen sei deshalb an dieser Stelle herzlich Dank gesagt. Der eigentliche Anstoß zu diesem Opusculum in der Reihe ANTIKE UND GEGENWART ging von einem didaktischen Impuls aus, den ich von meiner ehemaligen Schülerin Wiltrud Eberhard, München, zu einer Neubearbeitung der ovidischen Europa-Episode erhalten habe. Leider hat ein bitteres Schicksal dem Leben dieser tüchtigen und engagierten Lehrerin ein allzu frühes Ende gemacht. Ihrem Andenken möge diese Ausgabe in Dankbarkeit gewidmet sein.

Prof. Dr. Friedrich Maier

Prooemium

Ovids „Metamorphosen" unterliegen als Epos rezeptionsästhetischen Bedingungen. Es gehört zu dessen die Erwartung des Lesers befriedigenden Erscheinungsform, dass ein Prooemium am Anfang steht. In diesem müssen bestimmte Wissensansprüche der Adressaten erfüllt werden.
Der Dichter verkündet aus auktorialer Sicht das Programm seines Werkes: dass ihn seine Inspiration dazu trägt, von in neue Körper verwandelten Gestalten zu künden, dass er diese Verwandlungen nicht sachthematisch gegliedert aufreiht, sondern in eine quasi-historische Abfolge bringt, indem er das Ganze als zusammenhängendes „dauerhaftes Lied" (*perpetuum ... carmen*) vom Anfang der Welt bis zu seiner Zeit, also der Herrschaft des Augustus, herabführt, dass er also eine „Art Weltchronik" (NIKLAS HOLZBERG) bieten will, wozu er sich den Beistand der Götter, der Musen, erbittet.

Als Voraussetzung für das Verständnis der in diesem Bändchen ausgewählten Episoden genügt eine rasche Lektüre des Prooemiums. Die Interpretation sollte sich auf folgende Punkte konzentrieren:

1. Der kunstvolle Bau des Prooemiums

Die Wörter sind in den vier Versen — gewiss auch bedingt durch das metrische Gefüge — kunstvoll gesetzt; jedes einzelne Wort hat an dem ihm zugewiesenen Platz eine Funktion: *in nova* weist von Anfang an auf das Neue, bisher nicht Dagewesene dieses Unterfangens hin, wodurch das Leserinteresse stimuliert wird. *nova* ist durch Hyperbaton und Enjambement mit dem Anfangswort des nächsten Verses verbunden: *corpora.* Der Präpositionalausdruck rahmt die Wortverbindung ein, in die er eigentlich syntaktisch gehört: *mutatas ... formas.* In deren Fuge steht allerdings die Verbalaussage, wovon der Gesamtausdruck als Objekt abhängt: *dicere.* Der Infinitiv gehört zu *fert animus*, dem Satzkern, der die Gesamtstruktur ausbalancierend trägt. In ihm präsentiert sich die Intention des auktorialen Erzählers, etwa in dem Sinne: „Mein Herz bringt mich dazu ..." ~ „Ich will ..."
Das Werk beginnt also äußerst kunstvoll gefügt, mit einem doppelten, sozusagen ineinander verschränkten Hyperbaton. Man nennt dies auch „Schalenkomposition".

Im Schema:

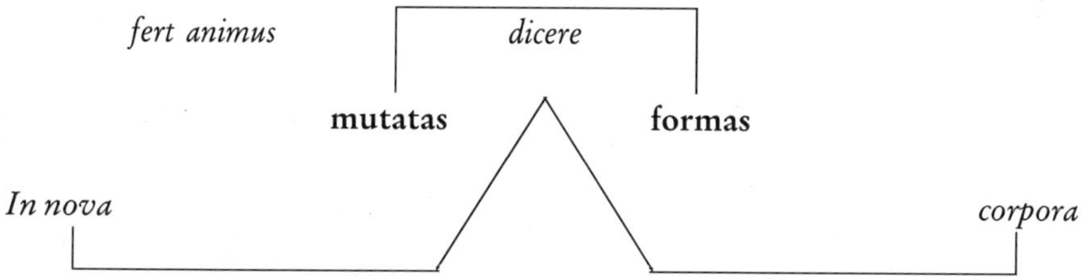

In dieser Kunstkomposition der Wörter drückt sich das Gesamtthema des Werkes aus: „Verwandlungen", die das Objekt jenes „Sagens" bilden, wozu den Dichter sein Herz drängt. Auf den Aussagekern reduziert steht also als erster Satz des Werkes da:

„Ich will von Verwandlungen künden."

Im zweiten Satz (mit Parenthese) werden gleichfalls die Hauptpunkte der Aussage durch Hyperbata und Enjambements betont. Solche „Schalenkompositionen" sind also charakteristisch für Ovid und sein Werk. Im Einzelnen werden hier herausgestellt:

— wieder der auktoriale Erzähler (*animus*) — *coeptis . . . meis* — *ad mea . . . tempora*
— die Götter (*di*), deren Beistand durch die beiden wieder durch Hyperbaton hervorgehobenen Imperative *aspirate* — *deducite* intensiv angerufen wird
— die gewaltige Aufgabe des Werkes von immensem Umfang und die chronikartige Darstellungsabsicht

In der folgenden von Franz Josef Brandhofer geschaffenen Graphik wird diese Kompositionsleistung des Prooemiums trefflich zur Anschauung gebracht:

Tafelbild 1: Prooemium

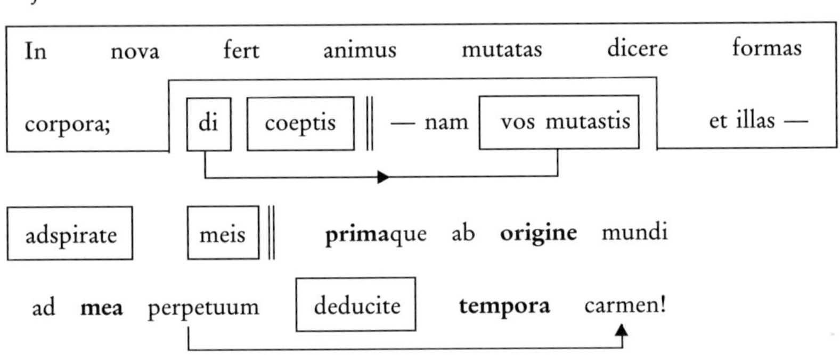

Schon im Prooemium kann demnach der Schüler erkennen, wie sehr bei Ovid Intention und Thema, also die dichterische Aussage, durch die äußere Form, durch die Sprachkunst, getragen und für Auge und Ohr sinnfällig wird. Der Vortrag des Prooemiums, der diese erste Lektüreeinheit abschließt, sollte dieses Spezifikum unbedingt mitberücksichtigen.
Die wunderbare Gestaltung des Frontispiz und der Initialen bei frühen Ovid-Ausgaben korrespondieren — dies ist wohl eine der Absichten ihrer Schöpfer – mit der Kunstform der Verse, die mit furiosem Auftakt das Werk beginnen.

Weiterführende Literatur

v. ALBRECHT, M.: Das Prooem. In: Consilia: Lehrerkommentare, Heft 7. Interprationsvorschläge zu Ovids Metamorphosen. — Göttingen 1984, 93 ff.

BRANDHOFER, F. J.: Ovid als Autor für Latein als zweite Fremdsprache. In: Lateinische Dichterlektüre I: AUXILIA 4. — Bamberg 1982, 91 ff.

CLADE, R.: Menschlicher Wille und göttliche Ordnung. Eine Lektüreeinheit aus Ovids Metamorphosen. In: AU 22/3 (1979), 39–56.

HOLZBERG, N.: Einführung zu Ovids Metamorphosen. — München 1988, 713 ff.

ders. Ovid, Dichter und Werk. — München 1997, 124 ff.

LATACZ, J.: Ovids Metamorphosen als Spiel mit der Tradition. In: Verpflichtung der Antike. Reihe: Dialog Schule & Wissenschaft (hrsg. von Neukam, P.). — München 1979, 5 ff.

MOMMSEN, P.: Philosophische Propädeutik an den „Metamorphosen" des Ovid. In: AU 28/1, 27–41.

NICKEL, R.: Ovids Metamorphosen in der Mittelstufe. In: Latein in der Mittelstufe. AUXILIA 23. — Bamberg 1991, 97 f. und 105 f.

Europa

1. Unterrichtsprojekt

1.1 *Didaktische Begründung*

Die Konfiguration „Stier und Mädchen“ verbindet fast jeder mit dem Namen oder Begriff „Europa“. Er meint damit den Kontinent, noch mehr aber die politische Idee, von der die Impulse zur Vereinigung des Erdteils ausgehen. Insofern hat dieses mythische Symbol den höchsten Bekanntheitsgrad bei den heutigen Menschen. Es erfasst ein hochaktuelles Stichwort der europäischen Kultur. Ihm kommt auch eine realpolitische Dimension zu: „Europa und der europäische Stier“ stehen ostentativ und provokativ vielerorts (z. B. am „Victoria and Albert Memorial“ in London) als Zeichen der Einheit. Den kulturellen und wirtschaftlichen Brückenschlag zwischen der Alten und Neuen Welt, zwischen Europa und Amerika bereiten auf einem Plakat von 1927 zwei Figuren vor, die gleichrangig als Einigungssymbole für den jeweiligen Kontinent dienen: Europa und der Stier diesseits, die Freiheitsstatue jenseits des Atlantiks. Je näher heute das Ziel der euroäpischen Vereinigung rückt, umso stärker und häufiger begegnet in der Öffentlichkeit dieses antike Paar, besonders als politische Karikatur oder als Cartoon. In unzählichen Variationen begleitet es, witzig, of ironisch kommentierend den Entwicklungsprozess.
Man kennt das Bild. Ob man aber von seiner mythischen Herkunft und seinem historischen Werdegang weiß, ist zu bezweifeln. Und doch verlangt auch dieses bekannte Mittel der visuellen Kommunikation nach historischer Verwurzelung, wenn es nicht verblassen oder gar verschwinden soll. Das Bild von „Europa auf dem Stier“ ist also in seine historische Heimat zurückzuführen, d. h.

Timm Ulrichs,
Europa auf dem Stier

an seinem Entstehungsort dem Schüler bekannt zu machen: in Ovids „Metamorphosen“, von wo nachweislich seine Karriere ihren Ausgang nimmt. Dies ist die Episode der Entführung der phönikischen Königstochter durch Zeus, zudem als außerordentlich schöne und feinsinnige Geschichte gestaltet, die dem Leser gefällt. Von Ovid aus sollte dann kurz die schicksalhafte Wanderung des mythischen Paares durch die Geschichte angedeutet werden. Impulse, sich mit dem plastischen „Bild“ und dem ausdrucksstarken Geschehen eigenkreativ auseinander zu setzen, gehen gerade von dieser Textstelle vielfältig und intensiv aus.

1.2 *Hinweise zur Organisation*

Die Episode „Europa und der Stier“ umfasst in der in der Textausgabe angegebenen Länge 40 Verse. Diese sollten in etwa sechs bis acht Stunden bewältigt werden können. Dabei dient die erste Stunde der Einführung in den mythologischen Hintergrund, der Einordnung der Episode in das Gesamtwerk sowie die Lektüre der ca. ersten sieben Verse.
Die Arbeitsphase (Übersetzung und Interpretation der einzelnen Textabschnitte) dauert wohl kaum länger als vier bis fünf Stunden. Für die zusammenfassende Interpretation und dazu, die Wirkung dieses Texts auf die Kulturgeschichte Europas (vor allem für seine Ausprägung als politisches Symbol) deutlich zu machen, dürfen im Höchstfall zwei Stunden angesetzt werden.
Die nachfolgende Darstellung skizziert in Kürze

1. erste Stunde am Text,
2. die Interpretationslinien der Lektüre,
3. die zusammenfassende Betrachtung,
4. die Behandlung der Rezeptionsdokumente in europageschichtlicher Hinsicht.

1.3 *Die erste Stunde am Text*

a) Einstimmung

Das Europa-Bild von Max Beckmann, eines der schönsten Dokumente der Visualisierung des Mythos, zeigt die phönikische Königstochter auf dem Stier querliegend, wie sie auf beiden Seiten schlaff herunterhängt, mit offenem Mund und geschlossenen Augen, vielleicht ohnmächtig, hilflos dem mächtigen Stier ausgeliefert. Entsteigt dieser gerade dem Meer, nach langer Strecke in Kreta ankommend? Ist es Erschöpfung, die das Mädchen schwächt, oder ist der Raub der Königstochter ein Gewaltakt?
Die Version in Dagmar Nicks Gedicht „Europa erinnert“ deutet anderes an: Sicheres Sitzen auf dem Stiernacken des Entführers, kein Rückblick im Zorn auf den Verlust ihrer Erbschaft an der Küste des Phönix. Der Gott, der sie zwischen die Hörner nahm, schien ihr noch ganz geheuer.
Welche Deutung bestätigt sich vom lateinischen Text her? Wie verhält sich der entführende Gott in Stiergestalt und wie reagiert das Mädchen darauf? Woher kamen und kommen die Impulse für Maler, Bildhauer, Zeichner und Dichter, sich mit dieser Episode unaufhörlich kreativ auseinander zu setzen?

b) Skizze der Spracharbeit und Interpretation

Jupiter hat ein neues Opfer seines Liebestriebes drunten auf der Erde ausgemacht, eigentlich außerhalb des Bereiches, für den er als griechischer Gott zuständig sein durfte, in Phönikien. Aber das Objekt seiner Lust ist es offensichtlich wert, in fremdem Revier zu wildern. Es ist die schöne Tochter des Königs Agenor von Tyros, in die sich der Gott verliebt hat. Auch bei ihr versucht er durch eine List zum Erfolg zu kommen. Er braucht dazu seinen Tausendsassa-Sohn Merkur. Der hatte selbst kurz zuvor seine Liebe in eine Königstochter entdeckt, in Herse, die dem Geschlecht des Königs Kekrops von Athen entstammte. Auch Merkur war dabei zielstrebig und nicht ohne Härte vorgegangen; die Schwester der Geliebten, Aglauros, die aus Neid die Liebesverbindung verhindern wollte, wurde in einen Stein verwandelt.
Der Göttervater Jupiter, der sich von Anfang an in der Pose des mächtigen Herrschers zeigt, zitiert Merkur, den flügelbeschuhten Boten der Götter zu sich. Er fixiert ihn sofort in seiner Dienerrolle: *Fide minister ... iussorum meorum.* Der Befehlshaber erteilt seinen Auftrag präzis, scharf und ohne Bitte: *Pelle ... delabere ... pete ... verte.* Die Anrede an den Sohn ist nach dem Vokativ mit einem Imperativ eingeleitet und wird mit einem Imperativ geschlossen. Der Vorgang selbst ist in einem würdevoll-getragenen Ton gehalten, was sich in den gehäuften Spondeen des Hexameters ausdrückt, während der nachfolgende Vers, der den ohne Verzögerung, also schnell auszuführenden Befehl enthält, in einem fast daktylischen Hexameter daherspringt:

„Fide minister“ ait „iussorum, nate, meorum
–́ ∪ ∪ | –́ – | –́ || – | –́ – | –́ ∪ ∪ | –́ ∪̇

Pelle moram solitoque celer delabere cursu.“
–́ ∪ ∪ | –́ ∪ ∪ | –́ ∪ ∪ | –́ || – | –́ ∪ ∪ | –́ ∪̇

Ein lapidares *dixit* schließt die Befehlserteilung ab. Jupiter erscheint als der machtvolle, omnipotente Herrscher des Himmels, wie er seit Homer bekannt ist. Doch hinter der Fassade wirkt ein Motiv, das dem äußeren Eindruck entgegensteht, aber mit der Wesensart gerade dieses Gottes engstens verbunden ist (Den Grund für seinen Befehl hat der Gott nicht zugegeben: *nec causam fassus amoris,* 856): sinnliche Lust, Leidenschaft und Eros. Der Gott hat seine Liebe zu einem Mädchen entdeckt, das drunten auf der Erde, am Meeresstrand von Phönikien, mit seinen Freundinnen spielt, zur Tochter des großen Königs der Phöniker, Europa. Der Befriedigung dieses Triebes gilt sein mächtiger Befehl, der widerspruchlos sofort, fast simultan zur Rede des Vaters vom willigen Sohn ausgeführt worden ist. Von Anfang an wird durch Sprachführung, Metrum und Wortwahl der Widerspruch betont, der die ganze Episode durchzieht: der Widerspruch zwischen Sein und Schein, eine Spannung, aus der die Geschichte ihren Reiz und ihre Schönheit gewinnt.

Im Tafelbild:

Jupiter

Machtdemonstration Herrschergestus	Sinnliche Lust Liebesleidenschaft
fide minister iussorum meorum	*mec fassus causam amoris*
pelle . . . delabere . . .! *pete . . . verte . . .!*	*. . . iuvenci* *litora iussa petunt, ubi magna* *filia regis . . .*
Lapidare Befehlserteilung *Dixit*	Befehl zur nicht offen zugestandenen Inszenierung der Liebesverbindung mit Europa
Schein	**Sein**

1.4 *Interpretationslinien und zusammenfassende Betrachtung*

Ovid bringt dort, wo Jupiter als Akteur die Szene betritt, den bereits in den ersten Versen spürbaren Gegensatz in eine fast sentenzhafte Formulierung:

Non bene conveniunt nec in una sede morantur maiestas et amor . . .

Herrscherwürde und erotisches Verlangen passen nicht zusammen. Die durch Enjambement abgesetzte Zweiheit der „Wert"-Begriffe stehen in stärkster Spannung zueinander. Um seine Lust zu befriedigen, muss jener (berühmte) Vater und Lenker der Götter (für eine Weile) das Zeichen seiner Herrscherwürde ablegen. Er, der in seiner Rechten den dreizackigen Feuerblitz als Waffe trägt, der mit dem bloßen Nicken seines Hauptes die Welt erschüttert, er verwandelt sich in einen Stier — allerdings in ein Tier, das unter seinesgleichen an Macht und Stärke herausragt.

Metamorphose bedeutet Änderung der äußeren Erscheinung bei Beibehaltung des inneren Wesens. Bei der Jupiter-Stier-Verwandlung kommt dieses Prinzip eindrucksvoll zur Geltung. Wie Zeus ist der Stier mächtig und majestätisch — und enorm zeugungsfähig zugleich, eben omni-potent. Die schlechte Verträglichkeit von Herrscherwürde und Liebestrieb, die im Verwandlungsprozess akut einsichtig wird, pointiert der Dichter wunderbar in der Kombination der sprachlichen Mittel.

Der Satz beginnt mit heroischem Pathos; der Sprachstil ist gehoben, dem Herrschergestus angemessen. Schwergewichtig wird das Subjekt *ille pater rectorque deum* hingestellt, das dann durch die zwei Relativsätze in seiner dem Epos gemäßen Wertigkeit noch gesteigert wird. Der Leser oder Hörer erwartet ein ebenso gewichtiges, der epischen Stilhöhe angemessenes Prädikat, wie z. B.

ille pater rectorque deum . . .
→ *omnes arcessit in caelum* (ruft alle in den Himmel)
(oder) *iniustos deiecit in Orcum* (warf die Frevler in den Hades)

Was aber, durch die dazwischengestellten Relativsätze hinausgezögert, kommt, ist unerwartet, paradox: „... er schlüpft in das Aussehen eines Stieres und muht, brüllt." Dieser bewusst gesetzte Stilbruch bewirkt den parodistischen Zug, der von da an die ganze Geschichte beherrscht.

Im Tafelbild:

Ille pater rectorque deum

cui ... armata est

qui ... concutit orbem

induitur faciem tauri ... que mugit

1.4 Der Göttervater brüllt wie ein Ochse. *Ille pater* und *mugit* sind, da an der Versspitze stehend, unmittelbar aufeinander bezogen. Natürlich schlägt das Nichtzueinanderpassen von Sein und Schein im Bild des Stieres durch: Er überragt das Normale, denn er ist *formosus,* von schöner Gestalt, weiß wie Schnee, er hat eine Farbe, die weder von den Sporen des Reiters noch vom wasserreichen Süd unrein geworden ist. Wulstige Muskeln ballen sich an seinem Hals und von den Schultern hängt die Wamme; klein sind zwar die Hörner, aber wie von Menschenhand kunstvoll geformt, durchschimmernd wie reine Edelsteine: Ein Prachtexemplar von Stier, das hier durch das Gras stolziert, triebgeleitet, ein Don Juan unter den Artgenossen, mit mächtigem Imponiergehabe. Nichts Bedrohliches geht von des Stieres Stirn aus; dem Auge fehlt alles Furchterregende. Das Gesicht strahlt Frieden aus: *pacem vultus habet.* Jupiter zum Stier geworden, in friedlicher Pose — auch dies nicht ohne parodistischen Effekt.

Die Reaktion beim Mädchen ist, wie beabsichtigt: Bewunderung (*miratur*) für die Schönheit und scheinbare Ungefährlichkeit des Stieres. Freilich dem Ungewöhnlichen traut die Tochter Agenors noch nicht: ein Stier ohne Schrecken, ohne Kampfeslust will ihr nicht in den Sinn. Vielleicht ist alles nur Verstellung: *quamvis mitem metuit contingere primo.* Trotz seiner Zahmheit am Anfang also noch Zurückhaltung; dann aber nähert sich ihm das Mädchen doch und hält ihm Blumen an sein helles Maul. Europa nimmt offensichtlich das, was sie sieht, als wahr, sie schaut nicht hinter die Fassade. Schönheit setzt sie mit Gutartigkeit gleich; für sie — in ihrer subjektiven Einschätzung — geht von dem Wunderstier nichts Aggressives aus (*quod proelia nulla minetur:* der oblique Konjunktiv markiert diese subjektive Vorstellung).

Im Tafelbild:

Wahrnehmung		Vorstellung
Äußeres:		Äußeres:
formosus	***miratur***	*formosus:* schön ~ gut
Wesen		Wesen
nullae minae		*proelia nulla minetur*
Indikativ		Konjunktiv (obliquer)
↓		↓
Fassade		sieht nicht hinter die Fassade

(W. Eberhard)

Der Dichter freilich lenkt den Blick des Lesers hinter die Fassade: *gaudet amans,* hinter dem Gehabe des Tieres steckt die treibende Kraft des *amor.* Der ganze Stier ist erotisiert, vom Liebesdrang erfüllt. Erotik versus Heldenpathos. Das Äußere des Tieres ist Verhüllung und zugleich Ausdruck seiner inneren Verfassung. Der Jupiter-Stier kann es kaum erwarten, bis sich die erhoffte Lust (*sperata voluptas*) erfüllt, seine Geilheit sich befriedigt. Der erste Schritt dazu sind die Küsse auf ihre Hände, das andere kann er kaum hinausschieben; das Stilmittel der Epanalepse *vix ... vix differt* verstärkt die Kennzeichnung dieses Dranges. Und nun zieht er alle Register der Verführung, deren ein Stier mächtig ist. Er macht sich an das Mädchen heran, dem nun alle Scheu genommen ist, die Brust zu tätscheln und die Hörner mit Blumengebinde zu schmücken.

Da endlich — asyndetisch angereiht – geschieht das, was der Jupiter-Stier bezwecken wollte: Die Königstochter wagt es, auf seinen Rücken zu steigen, noch nicht ahnend, auf wen sie ihre Last setzt. Plötzlich — das *cum inversivum* zeigt diese dramatische Wende an — eine Aktion des Gottes (*deus*!), der seine eigentliche Absicht zu verwirklichen beginnt. Er entfernt sich Schritt für Schritt von der trockenen Küste und steigt ins Wasser. Das Mädchen weiß nicht, wie ihr geschieht; auch diese Schritte des Stieres sind täuschend (*falsa ... vestigia*), lassen in ihr noch keinen Verdacht aufkommen. Geblendet von der Schönheit des Stiers ist sie blind gegenüber ihrer Gefährdung. In einem Satz enthüllt der Dichter dann das wahre Ziel des Gottes und das wahre Schicksal des Mädchens offenbart sich in einem Wort, das er bis zum Schluss zurückhält und das er pointiert — durch Zeilensprung — heraushebt: *inde abit ulterius mediique per aequora ponti — fert praedam.* Da erst wird manifest: Europa ist die Beute eines Räubers geworden. Darin liegt fast eine Entlarvung des Täters, gewiss die Epiphanie der Gottheit (ein Stier schwimmt ja nicht durch das Meer). Das Mädchen ängstigt sich nun, sitzt aber, fortgeschleppt, sicher auf dem Rücken, indem sie sich mit der einen Hand am Horn festhält und mit der anderen am Rücken ... Das zittrige Bauschen des Kleides im Winde mag eine Spiegelung ihres inneren Empfindens sein. Europa ist aufgeregt. Hat sie aber Angst vor der Gewalt des Tieres, das sie bewundert, streichelt, schmückt, besteigt? Das *metuere, pavere, tremere* ist eher das ängstliche Erregtsein vor dem Neuen, vor dem Abenteuer, vielleicht ahnt sie nun die Präsenz des Gottes oder ist sich deren sogar sicher. Die Begegnung mit einem Gott, zumal dem höchsten, bedeutet für ein Mädchen, auch für die Königstochter, eine Erfüllung. Auch in der vorausgehenden Geschichte hat sich dieses Erfüllungsglück geäußert, das Herse, die Tochter des Athener-Königs Kekrops, bei ihrer Liebe zum Jupitersohn Merkur empfunden hat.

Aus dem lateinischen Text ist nicht zu entnehmen, dass der Leser oder Hörer die Impression von Gewaltanwendung haben soll. Im Gegenteil: Die Menschen der Antike waren offensichtlich, wie das pompejanische Wandgemälde zeigt, von der erotischen Atmosphäre bei der Entführung Europas durch den Stier beeindruckt. Der mächtige Gott bringt die Tochter eines großen Königs nach dem Westen, um dort mit ihr — kraft seiner Omnipotenz — drei einmal mächtige Söhne zu zeugen – und um Kreta zur „Wiege der europäischen Kultur" zu machen.

Am Ursprung Europas stand also nicht, wie CHRISTA WOLFF meint, die Vergewaltigung einer Frau. Eher hat DAGMAR NICK den Tenor dieses Ovid-Textes erfasst:

Wie saß ich doch
sicher
auf dem Stiernacken
meines Entführers

...
und der Gott, der mich
zwischen die Hörner nahm
schien mir noch ganz
geheuer.

Und wie empfinden Schülerinnen von heute dieses „Anmachen" des Mädchens durch den Jupiter-Stier? WERNER NAGEL (Feldkirch/Österreich) hat nach der Lektüre der Europa-Episode die Mädchen seiner Lateinklasse (6.–10. Klasse) darüber nachdenken und phantasieren lassen. Er stellte folgende Aufgabe: „Versucht zu verbalisieren, was innerpsychisch in Europa vom Anblick des Stiers über den Moment, da sie bereit ist, sich auf den Rücken des Stieres zu setzen, bis zu dem Augenblick abläuft, wo sie zu erkennen beginnt, dass sie geraubt ist. Versucht, die an sich unglaubwürdige Versuchungsszene (Stier überredet Mädchen) glaubhaft darzustellen." Aus den gebotenen kreativen Produkten, „inneren Monologen", seien zwei ausgewählt und hier vorgestellt:

Innerer Monolog von Europa, als sie den jungen Stier erblickt:

‚Oh, welch wundervolles Geschöpf! So weiß und rein, voller Unschuld.
So zahm, so wunderschön!
Er kommt auf mich zu! Oh mein Gott, was für ein schönes Tier! Ist es überhaupt ein Tier?
Es sieht so göttlich aus! Wie gern würde ich seinen weißen Hals berühren und auf seinem Rücken reiten! Wieso schaut der Stier mich so komisch an?
Will er etwas von mir? Hoffentlich nichts Böses!
Er sieht so formvollendet aus, so wunderschön.'

(Nachdem er sich in den Sand gelegt hat):
‚Oh, wie zauberhaft ist es doch, seinen Körper zu berühren! Soll ich es wagen, mich auf seinen Rücken zu setzen?
Ich versuche es einfach. Jetzt richtet er sich auf und trabt ein Stück.
Wo will er denn hin? Er läuft so sanft und so geschmeidig! ...

Inga Schmidt

Europa – Innerer Monolog

Meine Begleiterinnen nerven mich. Ich brauche unbedingt etwas Abwechslung. Huch, was kommt denn da angerannt? Eine Herde von jungen Stieren — ah, sind die aber putzig. Und — was sehen meine Augen? — ein weißer Stier, der genau auf mich zukommt. Was will der denn wohl von mir? Und wie niedlich der bloß ausschaut! Jetzt streckt er mir sogar die Brust hin. Ob ich ihn kraulen soll? — Ja, das gefällt dir aber. Und was macht er jetzt? Er legt sich hin, wahrscheinlich will er, dass ich mich auf ihn setze. Ah, das wackelt aber. Er steht auf und rennt auf das offene Meer hinaus, was tut er nur, er entführt mich ja!! HILFE — SOS

Verona Schmid

Märkische Europa,
Tonrelief von
Hildegard Kling

Tafelbilder (zur zusammenfassenden Interpretation)

Die dreifache Antithetik der Zeus-Europa-Episode

1. Antithetik (Schwerpunkt: Europa)

Antithetik der Protagonisten — **dramatische Komponente**

sexuelle Begierde Jupiters ◄——►	**kindliche Unschuld der Europa**
nec causam fassus amoris	filia regis
amor	**virgo**
voluptas	ludere
	virginibus comitata
	flores porrigit
	pectora palpat
	cornua sertis inpedit
	nescia
	tergo considere

2. Antithetik (Schwerpunkt: Jupiter)

Antithetik der Stiergestalt — (vorwiegend) **erotische Komponente**

Sein ◄——►	**Schein / „facies“**
amor + voluptas	**pacem vultus habet:**
(sexuell)	nullae minae
gaudet	nec formidabile lumen
oscula dat	nulla proelia
vix cetera differt	mitis
falsa vestigia	**formosus**
praeda	**(schön = gut)**

3. Antithetik (Schwerpunkt: Jupiter)

Antithetik der Erscheinungsformen Jupiters — **parodistische Komponente**

Göttervater ◄——►	**Stier(maske)**
maiestas:	**facies tauri:**
sceptrum	mixtus iuvencis
gravitas	**mugit**
ignes trisulci	obambulat
homerische Formeln	in herbis

(gestaltet von W. Eberhard)

Ergänzender Hinweis für die Schüler (von Andreas Fritsch, Berlin, empfohlen): Dass Jupiter nicht immer ein Stier blieb, sondern sich wieder in den Gott zurückverwandelte, geht aus dem Metamorphosen-Text nicht hervor. In einem anderen Text Ovids wird das ausgedrückt; dazu wird hier die Verbindung des Mädchens „Europa“ zum Erdteil Europa deutlich gemacht:

Ov.fast. 5, 603–618 (14. Mai)

Litoribus tactis stabat sine cornibus ullis
  Iuppiter inque deum de bove versus erat.
Taurus init caelum, te, Sidoni, Iuppiter inplet
  parsque tuum terrae tertia nomen habet.

1.5 *Einordnung der Geschichte in das „Weltbild“ Ovids*

Ovids Welt ist die der Erotik und nicht die der Gewalt. Das Mädchen Europa wird vom Liebhaber, der in diesem Fall der höchste Gott in der Gestalt eines Stieres ist, verführt, erobert, und zwar nach allen Regeln der Kunst, der *ars capiendi puellam.* Und diese Kunst der erotischen Eroberung, diese Verführungsstrategie hat der Dichter bekanntlich als *praeceptor amoris* die Römer zu lehren versucht. Das dafür zuständige Werk ist die **„Ars amatoria“.**
Eine engere Beziehung der Europa-Geschichte in den „Metamorphosen“ zur Erotodidaktik des Autors anzunehmen, drängt sich unwillkürlich auf. Ist diese Liebesepisode vielleicht gar ein Beleg für den durchschlagenden Erfolg jener Rezeptologie für den Liebhaber? Das Programm der „Ars“, das *capere per artes puellam* scheint hier ja perfekt verwirklicht.
Wie heißt es dort programmatisch?

*Nunc tibi, **quae placuit, quas sit capienda per artes,***
dicere praecipuae molior artis opus (I 265 f.)

Wörtliche Übersetzung:

Nun pack ich an das Werk der besonderen Kunst, dir zu sagen,
wie zu erobern denn ist, die deinen Gefallen gefunden.

Freiere Übersetzung:

Jetzo schick’ ich mich an, dir zu sagen, <u>durch welcherlei Künste</u>
<u>Du die Erkorene fängst.</u> Dies ist das wichtigste Werk.

„Liebesvorspiel“, pompejanisches Fresko, IV. Stil, Museo Archeologico Nazionale, Neapel

Jupiter hat sich, wie wir sahen, in diesem trickreichen Metier bewährt. Der höchste allmächtige Gott erscheint als ein nach allen Regeln der Liebeskunst taktierender „lover", fast schon wie ein „Macho der Liebe" (Niklas Holzberg).

Nun wissen wir: Ovid wurde auch und gerade wegen der „Ars amatoria" verbannt (8 n. Chr.), weil die laszive Erotik, die er als *tenerorum lusor amorum* (Ars I 451) ehrte, nicht mit der kaiserlichen Politik der moralischen Erneuerung zusammenpasste, vor allem nicht mit den Ehegesetzen, mit der *lex Iulia de adulteriis* (18 v. Chr.), deren Missachtung von einem Schwurgericht mit Strafen bis zur Verbannung geahndet wurde. Die „Ars" ist um die Zeitenwende erschienen, die Metamorphosen waren bis zur Verbannung fertiggestellt, wohl auch durch öffentliche Lesungen bekannt geworden, veröffentlicht wurden sie freilich erst in der Zeit der Verbannung. Der Kaiser und der kaiserliche Hof kannten die „Metamorphosen". Soll man deshalb aus Ovids prägnantem Satz nicht mehr heraushören, als der unmittelbare Textbezug meint:

> *Non bene conveniunt nec in una sede morantur*
> *maiestas et amor.*

Augustus hatte sich im ciceronianischen Sinne als *conservator rei publicae* bewährt, so dass er einen Platz neben den Göttern beanspruchen durfte; es ist ihm deshalb im ganzen Reich neben dem Ehrentitel *pater patriae* auch die Heilsprädikation σωτῆρ zuteil geworden. In den Provinzen wurde er schon zu Lebzeiten divinisiert.

Auch der Göttervater, ὃ τῶν ϑεῶν πατῆρ, Jupiter, trug die Heilsprädikation σωτῆρ. Soll in Ovids Mythos-Gestaltung diese Funktionsanalogie nicht hintergründig mitwirken? Wenn ja, dann träfe die Parodie, die über Jupiter lächeln lässt, auch den Kaiser; im Mythos spiegelte sich dann die Wahrheit: Kaiserwürde und die am Kaiserhof mögliche Erotik (Sittenskandal der Julia!) passen nicht gut zusammen. Dann wären schon durch diese Stelle die „Metamorphosen" und nicht erst am Ende, im Epilog, womöglich ein Affront, wie Holzberg meint, gegen Augustus, eine leise Ironisierung seiner Politik, vor allem in Sachen Moral. Sollen wir etwa schon in der Europa-Episode etwas von der Konfrontation des augusteischen Programms „Frieden durch Erneuerung der alten Werte" mit dem ovidischen Programm „Make love, not war!" spüren?[1] Solche Fragen werden sich nicht sicher beantworten lasssen. So viel aber ist gewiss: Erotik und Politik sind hier in eine enge Nähe zueinander geraten; sie sind, da das Verbannungsurteil letztlich auch davon mitbestimmt worden ist, in gewisser Weise beim ovidischen Europa-Mythos zu einem juristischen Fall geworden.

Dieser Hintergrund macht es vielleicht verständlich, wenn die spätere Rezeption der Geschichte von Jupiter und Europa allmählich unter ein politisches Vorzeichen gerät, wenn sich an diesem antiken Bild heute zumeist das Zusammenspiel von Erotik und Politik manifestiert, zumeist in den Formen der Karikatur und des Cartoons. Die Europa-Geschichte ist von Ovid aufgrund ihrer inneren Struktur darauf vorbereitet worden.

[1] Solche Konfrontation mit Augustus hält neuerdings Niklas Holzberg schon in der vorausgehenden Apollo-Daphne-Geschichte für möglich (Apollos erste Liebe und die Folgen. Ovids Daphne-Erzählung als Programm für Werk und Wirkung, demnächst in: Gymn.).

1.6 *Weiterführende Literatur*

BIERSCHENK, M.: Die Europa-Fabel in der Literatur und in bildlichen Darstellungen des Mittelalters. In: Die Verführung der Europa. — Frankfurt a. M./Berlin 1988, 61–75.

BÜHLER, W.: Europa — Ein Überblick über die Zeugnisse des Mythos in der antiken Literatur und Kunst. — München 1968.

CAPPELLETTI, F./HUBER-REBENICH, G. (Hrsg.): Der antike Mythos und Europa. Texte und Bilder von der Antike bis ins 20. Jh. — Berlin 1995.

EBERHARD, W.: Die Zeus-Europa-Episode als Bestandteil der Ovid-Lektüre in der 10. Jahrgangsstufe. Unveröffentlichtes Manuskript.

FISCHER, J.: Oriens — Occidens — Europa. Begriff und Gedanke: „Europa" in der späten Antike und im frühen Mittelalter. — Wiesbaden 1957.

FOERSTER, R. H.: Europa. Geschichte einer politischen Idee. — München 1967.

FUHRMANN, M.: Europa. Zur Geschichte einer kulturellen und politischen Idee. — Konstanz 1986.

HOLZBERG, N.: Einführung zu Ovids Metamorphosen. — München 1988, 713–734.

ders.: Ovid, Dichter und Werk. — München 1997.

ders.: Apollos erste Liebe und die Folgen. Ovids Daphne-Erzählung als Programm für Werk und Wirkung (demnächst in: Gymn.).

MAIER, F.: Quo vadis, Europa? Mythos — Begriff — Idee. — Bamberg 1990.

ders.: Europa und der Stier. In: Stichwörter der europäischen Kultur. Textband. — Bamberg 1992, 4–11, Lehrerband. — Bamberg 1992, 17–28.

ders.: Europa auf dem Weg nach Europa. Stationen einer dreitausendjährigen Geschichte. In: Antike aktuell. — Bamberg 1995, 49–79.

REYNOLD, G. DE: La formation de l'Europe. — Paris 1937.

ROUGEMENT, D. DE: Europa. Vom Mythos zur Wirklichkeit. — München 1962.

SALZMANN, S. (Hrsg.): Mythos Europa. Europa und der Stier im Zeitalter der industriellen Zivilisation. — Hamburg 1988.

SOINÉ, K.: Mythos als Karikatur. Europa und der Stier in der politischen Karikatur des 19. und 20. Jahrhunderts. In: Mythos Europa, ebenda, 76–83.

THIEDE, C. P.: Wir in Europa. Wurzeln, Wege, Perspektiven. Presse- und Informationsamt der Bundesregierung. — Bonn 1996, bes. 10–21.

2. Die Europa-Geschichte als Comic

Ovids „Metamorphosen" haben seit dem Mittelalter Anstoß zur Illustration gegeben, vor allem die Abenteuer-Geschichten, deren dramatische Gestaltung die Phantasie des Lesers erregte; man wollte die eigene Vorstellung ins Bild bringen. Der römische Autor geriet sehr stark in den Sog mittelalterlicher Ikonisierung. Am Anfang war es besonders die epische Bild-Erzählung, die den Betrachter das Geschehen vor Augen führte; hier werden die Fakten optisch so in einem Bild präsentiert, dass man sie in ihrem Verlauf nachvollziehen kann. Sehr bald traten erheiternde Effekte dazu; das liegt in der Natur der ovidischen Erzähltechnik, der eben die ironische Färbung, nicht selten ein parodistischer Einschlag eigen ist.

Die Europa-Geschichte ist von solcher Art; sie lässt einen feinsinnig gestaltenden Künstler erkennen, dem der Schalk im Nacken sitzt: Die Szene lebt von der Diskrepanz zwischen der Großheit des Gottes und seinem Auftritt in der Gestalt eines Ochsen. Der epische Stil und die amouröse Taktik stehen so stark in Spannung zueinander, dass im Hintergrund zwischen den Zeilen immer der Witz aufblitzt. Daraus gewinnt diese Episode ihre außergewöhnliche Schönheit.

Kaum einer kann sich dem Zwang entziehen, auf die von der Darstellung ausgehende Wirkung zu reagieren. Diese schöne Geschichte will man in ein Bild umsetzen, das witzige Effekte hat: in eine Karikatur oder in einen Comic. Der Schüler einer 11. Klasse des Wilhelmsgymnasiums München, Georg Lechner, hat eine Comic-Folge dazu gestaltet, die ihre Wirkung auf den Betrachter nicht verfehlt.

Im Unterricht sollte diese kreative Rezeption Anlass sein, die einzelnen Szenen den entsprechenden Textabschnitten zuzuordnen. Dabei ist auch zu prüfen, ob in der Bildfolge die Schwerpunkte angemessen gesetzt sind. Und es sollte unbedingt der Impuls gegeben werden, sich so oder ähnlich (in Text und/oder Bild) schöpferisch mit dem antiken Original auseinander zu setzen. Vielleicht lässt sich sogar in Zusammenarbeit mit dem Kunsterzieher ein gemeinsames Projekt verwirklichen: Szenen der Europa-Episode in Text und Bild.

3. Exkurs in die Rezeptionsgeschichte

Die Konfiguration „Europa und der Stier“ ist in die Geschichte eingegangen. Fest steht heute, dass dieses mythische Paar zur Symbolfigur für die Einheit des Erdteils geworden ist; dies aber erst nach einer wiederum abenteuerlichen Geschichte durch zweieinhalb Jahrtausende. Davon sollten die Schüler auf jeden Fall wissen. Europa ist ja ihre Zukunft, und es ist nicht ohne Belang, das zu kennen, was von der Vergangenheit her die einigenden Kräfte des Kontinents ausmacht.

Deshalb sind im Textband an die Ovid-Geschichte die Wirkungen dieses Textes im Laufe der Rezeptionsgeschichte angefügt; an charakteristischen Bildern werden die Entwicklungsstationen des Europasymbols demonstriert. Diese Entwicklung verlief durchaus nicht gradlinig; es gibt sogar eine bislang nicht hinreichend geklärte Schwelle in diesem Prozess, wozu sich nur Vermutungen äußern lassen.

Die vorgestellten Bilder bedürfen der ausführlichen Erklärung; sie lassen sich durch Referate in den Unterricht einbeziehen oder als Teile einer differenzierten Gruppenarbeit zum Abschluss des Europa-Projekts behandeln; auf diese Weise kommt man zu gesicherten Ergebnissen mit anhaltender Wirkung; diese wird zweifellos erhöht, wenn die Vertreter des Geschichts- oder des Politischen Unterrichts sich an dem Projekt beteiligen.

Nachfolgend sind die einzelnen Stationen der Entwicklung skizziert; freilich ist festzustellen, dass hier nur eine Auswahl vorgestellt wird, die aus der Fülle von Dokumenten die Schwerpunkte herausgreift (weiteres Material vom Verfasser: Europa auf dem Weg nach Europa. Stationen einer dreitausendjährigen Geschichte. In: Antike aktuell. — Bamberg 1995, 49–81).

„Europa und der Stier" auf dem Weg zum politischen Symbol

Der Begriff „*Europa*" hatte in der Antike noch keinen politischen Gehalt, etwa in der Weise, dass davon eine identitätsstiftende Kraft ausgegangen wäre. Das war erst im frühen Mittelalter der Fall. Als der europäische Kontinent von Afrika her, über Spanien, von den Arabern bedroht wurde, sah man sich verpflichtet, sich gemeinsam der Gefahr zu stellen. Als Karl Martell 732 die Christenfeinde bei Tours und Poitiers schlug, wurde das auch als Sieg Europas über die Feinde des Christentums verstanden: *Europaeenses — in suas se laeti recipiunt patrias* (so ein Anonymus von Cordoba). Erstmals scheint hier der Begriff *Europaeenses,* „Europäer", Träger einer Völkergruppen (*patriae*) vereinigenden Idee geworden. In dieser Idee der Verteidigung eines geistig-kulturellen Bestandes, der vor allem christlich-religiös geprägt war, erhielt das Wort eine politisch-christliche Dimension. Dieses *Europa* dachte man sich nördlich der Alpen gelegen, allerdings unter starker Verengung der geographischen Vorstellung. Diese Verwendung des Begriffes kulminierte in der geschichtlichen Leistung Karls des Großen. Sein Reich nannte man *regnum Europae,* das gegen die Angriffe der Sachsen, Awaren oder Hunnen zu verteidigen war.
Mit diesem *Europa*-Begriff wurde aber die mythische Europa-Gestalt keineswegs in Verbindung gebracht. War sie überhaupt in jener Zeit bekannt? Das mythische Bild „Zeus und Europa" war nach der dunklen Zeit der Völkerwanderung präsent. Als man die antiken Schriftsteller, die in den Klöstern überdauert hatten, wiederentdeckte, las und kommentierte (meist in moralischer Absicht), gewannen Ovids „Metamorphosen" ein hohes Ansehen.

3.1 *Die epische Erzählung im Bild*

Die schönsten und abenteuerlichsten Episoden der „Metamorphosen" setzte man ins Bild um, zumeist in Holzschnitt-Gestaltung; auch die Geschichte von „Zeus und Europa" wurde illustriert. Man entwickelte im späteren Mittelalter die besondere Technik der epischen Erzählung im Bild; die Hauptszenen der Episode wurden in einer deutlich erkennbaren Abfolge in einem einzigen Holzschnitt vereinigt; der Leseakt konnte so im Bild nachvollzogen oder vorweggenommen werden. Die mythische Geschichte wird visuell vergegenwärtigt, in einem Vorstellungsrahmen, wie er der Zeit entsprach (Kleidung, Schmuck u. a.). Man erkennt auf dem Holzschnitt den Auftrag Jupiters an Merkur, dessen beflissene Dienstleistung, dann das Bekränzen des schönen Stiers durch die Königstochter, schließlich die Entführung *Europas* auf dem Stier zum Meer. Diese Bildkunst diente ausschließlich der Unterhaltung; sie sollte die Erlebniswirkung bei der Lektüre des römischen Textes steigern. Eine andere Funktion ist nicht zu erkennen.

3.2 *Die allegorische Deutung des Mythos*

Die moralisierende Deutung antiker Texte hat sich besonders an Ovids „Metamorphosen" vollzogen; den Geschichten wurde ein anderer Sinn unterschoben; sie sagten anderes aus als vom antiken Autor gedacht, sie wurden zur Allegorie (ἀλληγορεῖν: anderes sagen) meist in religiös-christlichem Sinne. Ein markantes Beispiel dafür ist das mythische Paar von „Jupiter und Europa", an ihr tritt die Funktion einer Allegorie deutlich zutage. Die beiden Figuren werden Stellvertreter für andere. Das Mädchen als Jungfrau versinnbildlicht die Seele des Menschen, Jupiter ist Christus, der sich um die Seele zu retten, in einen Stier verwandelt, also körperliche Gestalt angenommen hat. Die so gedeutete *Europa* erhielt in vielfältigen Formen bildhafte Gestalt und weite Verbreitung. Diese besondere Funktion blieb auf den religiösen Bereich begrenzt, sie war ohne jede politische Konnotation. Die Verbindung des *Europa*-Bildes mit der *Europa*-Idee wurde nirgends fassbar. Das christliche *Europa* (als Kontinent oder als politisches Reich) und die christliche *Europa* (als die von Christus geliebte Seele) waren zwei völlig getrennte Verstellungsinhalte.

3.3 *Der Kontinent „Europa" als Frauengestalt*

Im 14. Jh. gab es unter Kaiser Karl IV. eine Vorstellung, die die Zusammengehörigkeit der Länder des Kontinents mit „Böhmen als dem Herz der Frau Europa" propagiert; diese ist im 16. Jh. in ein Frauenbild umgesetzt worden. Hier sind die Konturen Europas mit den Formen einer Frau zur Deckung gebracht. Der Erdteil ist hier, so scheint es, erstmals repersonifiziert. Das „es" (*das Europa)* gewinnt bildhafte Gestalt, indem es auf eine „sie" (vielleicht *die Europa*) bezogen wird. Zeichenhaft erscheint hier *Europa* als Ganzes bewusst gemacht, als ein lebendes Wesen, dessen Teile zu einem einheitlichen Körper gehören. Wichtig ist: Eine Frau war erstmals zur Symbolgestalt für die politische Idee *Europa* geworden. Ob diese Vorstellung von langer Dauer geblieben ist, eventuell weitere Wirkungen nach sich zog, ist unbekannt.

3.4 *Europa als Frauengestalt karikiert*

In der zweiten Hälfte des 19. Jh.s begann eine Frau den Kontinent *Europa* zu symbolisieren; es ist denkbar, dass man hier an die oben angedeutete mittelalterliche Tradition anschloss. Diese Symbolisierung einer Frauengestalt für *Europa* geschah in Frankreich, das nach der Revolution die Idee der europäischen Einheit vorantrieb, und zwar in Form der politischen Karikatur. Der Franzose Honoré Daumier, Begründer dieses Metiers, brachte als Erster in bewusster Anlehnung an die früheren, damals christlichen *Europa*-Allegorien 1867 „Europa auf der Bombe" karikierend ins Bild. Eine Frauengestalt als solche repräsentiert den Kontinent *Europa.* Daumier wollte hier die Gefährdung des eine Einheit bildenden Körpers *Europa* in der nachnapoleonischen Zeit als Störung des Gleichgewichts drastisch verdeutlichen.

3.5 *„Europa und der Stier" als politisches Paar*

In dem vorgestellten Bild liegt eines der ersten Dokumente, wenn nicht das erste, dafür vor, dass das mythische Bild von „Europa und der Stier" zeichenhaft für die Idee *Europa* gesetzt worden ist. Dies geschah in der satirischen Zeitschrift „Der wahre Jakob" (1884): Das mythische Bild symbolisiert in einer höchst eigenwilligen Konstellation das „Arme Europa", das von dunklen Mächten der Revolution, der Anarchie und der Omladina (eines großserbischen Geheimbundes) bedroht wurde. Der mythischen *Europa* ist eine politische Aussage gegeben, sie erscheint damit erstmals politisiert. Hier war die Vereinigung der politischen *Europa*-Idee und der mythologischen Figuration zu einem Bild-Symbol, zu einem Stichwort kultureller Kommunikation vollzogen. Der Hintergrund des Bildes ist von einer Bedrohungssituation gekennzeichnet. Das mag mit ein Grund sein, weshalb hier der antike amoröse Zug dem Paar noch fehlt: der Stier eher schüchtern ergeben, ohne alle kraftstrotzende Protzigkeit, das Mädchen mehr eine brünhildenhafte Frau, die Stärke ausstrahlt.

3.6 *Die Europa-Stier-Figur — Gegenstück zu Amerikas Freiheitsstatue*

Die einmal gewonnene Symbolkraft aktualisierte sich rasch in immer neuen politischen Situationen oder für immer neue politische Ziele. Die Konfrontation Europas mit den Vereinigten Staaten von Amerika ließ den Einigungsgedanken in den Vordergrund treten (1927); Symbol für das als vereint gedachte *Europa* bildete die *Europa*-Konfiguration. Daran wird zugleich deutlich, dass in diesem Bild *Europas* die Idee der Freiheit mitenthalten ist. „Europa und der Stier" ist das Pendant zur Freiheitsstatue von Amerika, es gilt als gleichrangiges Einigungssymbol im Zeichen der Freiheit. Bemerkenswerterweise stellt hier als eine weitere große antike Symbolfigur „Ikarus" die Verbindung zwischen dem freien *Europa* und dem freien Amerika her, die sich in politisch-kultureller Hinsicht ergeben soll: „Europa und Amerika werden sich eines Tages über den Ozean hinweg die Hände reichen zum Austausch ihrer Waren, Industrie und Kultur." Während die amerikanische Liberty sich keusch verhüllt zeigt, mit dem entschlossenen Gestus der erhobenen Hand, posiert hier *Europa* auf dem Stier schon mit erotischer Ausstrahlung.

3.7 *Europa vom Stier bedroht*

Dass sich am Anfang im Europa-Stier-Bild vor allem ein Bedrohungsgestus manifestiert, beweist auch die Abbildung im „Simplicissimus" von 1943. Hier ist die sowjetische Gefahr für *Europa* dargestellt, mit einer ganz eigenwilligen Umdeutung des antiken Mythos. Der „Stier und Europa" erscheinen nicht als ein Paar, das sich in Liebe vereint. Das mythische Paar ist geschieden, Europa und der Stier stehen sich feindlich gegenüber. Der feuerrote „Sowjetstier", abstoßend zerzaust und mager, trägt die blutig geschundene *Europa* auf seinem Rücken, wobei er brutal ihre Schulter mit seinem Horn durchbohrt hat, er trägt sie über brennende Dörfer und Städte hinweg und mit ihr den Krieg in den Westen. Die durchbohrte *Europa* symbolisierte das bedrohte *Europa.* Die Karikatur signalisiert die Bedrohung des Lebensraumes *Europa,* letztlich die Freiheit des Kontinents. „Er möchte Europa auf seinen Rücken nehmen — Aber so!" Dies der Bildkommentar. „So nicht!" sollte wohl gedacht werden. Besser hätte es *Europa* auf dem nationalsozialistischen Stier. Die Idee ist hier offensichtlich gespalten: *Europa* ist — man begreift dies nur im Kontrast zur antiken Vorlage — nicht die Liebende, sondern die Leidende. Hier ist die Liebe zwischen den beiden Figuren in offenen Hass umgeschlagen. Die Propaganda des Nationalsozialismus riss die tradierte Bildkonstellation auseinander, sie manipulierte Idee und Symbol *Europa,* indem sie den Bedrohungsgestus und indirekt den dadurch ausgelösten Einigungsappell aller Germanen gegen die „Untermenschen" auf ihre nationalistischen Absichten umbog.

3.8 *Das Paar balancierend auf der Mauer zwischen Ost und West*

Die Bedrohung der Welt, die sich in der unmittelbaren Konfrontation zwischen den konträren politischen Systemen des Westens und Osten ergibt, hat ihren sinnfälligen fatalen Ausdruck in der Berliner Mauer gefunden. Sie teilte die Welt mit nicht selten tödlichen Folgen. Und auf eben dieser Mauer balanciert auf einem Berliner Fresko (1976) das mythische Paar „Europa und der Stier“ in einem waghalsigen Akt: Sie stellen die personifizierte Bedrohung dar. *Europa* ist gefährdet und mit ihm die ganze Welt. Das antike Bild ist zur Chiffre für den Gegensatz von Unterdrückung und Freiheit geworden, es symbolisiert zugleich jene „Europa-Politik“, die das „Gleichgewicht des Schreckens“ zwischen zwei politischen Systemen zu erhalten versucht. *Europa* als Symbol sucht schwankend die Balance über der Schnittstelle, die *Europa* als Kontinent zerteilt, als wollte ihre prägende Kraft die beiden Hälften zusammenhalten — eine Funktion, die das Bildmotiv bis dahin nicht hatte.
Die antike Erotik ist total reduziert: der Stier verängstigt, das Mädchen verkrampft und zerzaust, wie ein Paar auf der Flucht.

3.9 *Europa im Zentrum der Entspannung*

Bei der um 1980 allmählich eintretenden Entspannung zwischen den großen Machtblöcken fand sich *Europa* plötzlich im Zentrum des Interesses zwischen Ost und West. Die Dame *Europa* wird beiderseits umworben, geradezu liebkost. „Follow me, darling!“ lautet die Legende, die die amerikanische Perspektive erfasst. Mit der neuen Hoffnung keimt die antike Erotik wieder auf, allerdings hier nicht zwischen Europa und dem Stier, sondern in der Beziehung anderer Partner zu dem als Einheit empfundenen antiken Paar. Grotesk ist jedoch der Widerspruch zwischen der erotischen Ambition und der „verführerischen“ Ausstrahlung der alten Dame *Europa.* Hintergründig wird sogar noch etwas vom Bedrohungsgestus spürbar: Die Leine des USA-Präsidenten und die Mächtigkeit des Sowjetstieres signalisieren Gefahr für Europas Freiheit.

3.10 *„Europa“ — eins mit der westlichen Weltmacht?*

Die Entspannung der Ost-West-Politik verwandelt dort, wo sie in Euphorie gefeiert wird, die ins Bild gesetzte Situation extrem. *Europa* sitzt nicht mehr wie im Mythos auf dem Stier; sie steht zwischen dem amourös-lustigen russischen Bären und dem friedlich daliegenden US-Stier, dessen Blicke Eifersucht sprühen. Die Konfrontation der Supermächte in *Europa* scheint in ein kontinuierliches Liebeswerben um Europa umgeschlagen zu sein. Allerdings: *Europa* lehnt sich leicht an den Stier, so als ob sie sich ihm zugehörig fühlt. Ist *Europa* hier eins mit der westlichen Weltmacht? Der Stier ist jedenfalls mit den USA identisch gesetzt. Und der russische „Verliebte“ will Eindruck machen, die *Europa* von ihrem Partner abbringen. Hier ist die erotische Atmosphäre fast so heiter wie auf dem pompejanischen Wandgemälde (s. Textausgabe, S. 22).

3.11 *Europa — auf wirtschaftlichem Erfolgskurs*

Der wirtschaftliche Zusammenschluss ist — zumindest auf Teilgebieten (s. dazu die Karikatur zum europäischen Agrarmarkt) — nach dem militärischen offensichtlich die primäre Triebfeder der europäischen Vereinigung gewesen.

Karikatur von Horst Haitzinger

Später ist dafür der globale Konkurrenzdruck auf dem Weltmarkt verantwortlich geworden. Die Karikatur HAITZINGERS zeigt, wie schon im Amerika-*Europa*-Kontrast-Bild (S. 23) angedeutet, den Erwartungsgestus. Im mythischen Paar symbolisiert sich die europäische Hoffnung auf den wirtschaftlichen Erfolg: *Europa* und der Stier als kämpferisches Paar im technologischen Wettstreit mit USA und Japan, sitzend auf einem „hoch technisierten" Gefährt, sozusagen dem ‚Spitzenprodukt' europäischer Technologie, nämlich auf einem Motorrad, das mit dem gleichfalls aus der Antike stammenden Markenzeichen EUREKA („Ich habe es gefunden") versehen ist. Ein dynamisches Duo, das seine erotische Ambition ganz in den Dienst des großen Zieles stellt.

3.12 *„Europa und der Stier" als Einheitssymbol*

Je mehr sich die Weltlage entspannte (noch vor dem Ende der politischen Systeme des Ostens), umso stärker trat die Idee der Vereinigung *Europas* in den Vordergrund; sie wurde zu einem Leitziel der westlichen Nationen des Kontinents; dieses Ziel verband sich von Anfang mit einer intensiven Hoffnung, einer Erwartungshaltung, die sich zunehmend in politische Aktionen umsetzte. Für diese Orientierung avancierte immer stärker das antike Paar „Europa und der Stier" zum markanten Zeichen; in ihm kehrte sich der Bedrohungsgestus nun ganz in einen Erwartungsgestus um. Ganz offensichtlich tritt uns dies im Bild von Curt Stenvert 1987 entgegen. Hier ist das mythische Bild zum Einheitssymbol schlechthin gemacht, da an ihm alle Insignien der europäischen Union hervortreten. Der Stier steht mit den Hinterbeinen auf einem griechischen Tempel, damit auf die antike Herkunft dieses Bildes verweisend. In eklatanter Weise wird hier die dreifache Funktion von *Europa* ins Bewusstsein gerückt: als geographischer Begriff (Landkarte), als mythische Gestalt (Mädchen), als politische Idee (Nationalfahnen unter dem Signum mit dem Europa-Sternen-Kranz). Der Künstler hat zu einem Zeitpunkt, wo ein vereinigtes *Europa* infolge der noch bestehenden Spaltung zwischen Ost und West keineswegs im Bereich des Möglichen lag, eine Vision entworfen: „Europa — Vision 300. Ein Kontinent ohne nationale Grenzen." (Die Erotik ist dafür dezent in den Hintergrund getreten.) Kurze Zeit später kam die Wende und mit ihr eine ganz neue Chance für die europäische Einheit. Vom „Gemeinsamen Haus Europa" wurde gerade im Osten des Kontinents gesprochen.

3.13 *„Europa" als „Germania"*

Der europäische Einigungsprozess erhielt durch den politischen Wandel im Osten eine neue Dimension; auch die Nationen der anderen Hälfte des Kontinents wurden zu potentiellen Mitgliedern der politischen Gemeinschaft. Die Vereinigung Deutschlands ließ die Union *Europas* für einige Zeit in den Hintergrund treten, gab ihr aber zugleich eine andere Qualität. Das zusammengeschlossene Deutschland bekam im Zentrum des Kontinents ein so starkes Gewicht, dass andere Angst vor diesem „Germania" bekommen konnten; man befürchtete dessen Übergewicht. Das bekundet sich in der kritischen Karikatur z. B. Österreichs. Da sitzt die massig gewordene *Europa* übermächtig im Germania-Look auf dem Stier, der unter ihrer Last fast zerdrückt wird. Fern ist dem Bild alle erotische Ausstrahlung. Die vier Siegermächte stehen starr vor Staunen um dieses Ereignis herum. „Ein deutsches Europa?" (so die Legende). Am Europa-Symbol kommt für einen Augenblick wieder der Bedrohungsgestus zur Geltung. Die Metamorphose des mythischen Paares hat eine neue Variante bekommen.

3.14 *Der Europa-Stier störrisch*

Der Einheitskurs Europas wird schon sehr früh durch ein bizarres Problem erheblich gestört: durch die Notwendigkeit einer gemeinsamen Währung. Diese erzeugt allseits Widerstand. Es droht ein Stück der Vielfalt und der Individualität der Länder verloren zu gehen (von Geldverlusten bei der Währungsangleichung ganz abgesehen). Als man zunächst den ECU als gemeinsame Zahlungseinheit anvisierte, kam es zu einem sinnigen Bildkommentar in „Das Handelsblatt": Der Stier frisst gierig in sich hinein: DM, Dänische Krone, Lira, Pfund, Französischen Franc, Belgischen Franc usw., und nachdem er deren Eigenheiten in seinem Magen und Gedärm zu einem Einheitsbrei verarbeitet hat, befördert er diesen hinten unterhalb des Schwan-

zes wieder schwungvoll zutage: als ECU. Das im Textband (S. 33) abgedruckte Bild zeigt, dass der europäische Stier ob dieser Währungsgefahr störrisch geworden ist und nur mühsam von den Hauptvertretern der europäischen Einheit Kohl und Mitterrand auf Kurs gehalten werden kann. Die nackte Angst, wie sie etwa aus den Augen des Stieres blickt, verhindert hier die Vereinigung des Paares in Liebe.

3.15 *Blessuren auf dem Weg nach Europa*

Die Verträge von Maastricht (1991) stehen als Meilenstein auf dem Weg zur Einheit des Kontinents. Hinter diese Entscheidung gibt es kein Zurück mehr. In diesen Verträgen liegt der Rahmen für den möglichen Zusammenschluss vor; darin sind auch die Bedingungen enthalten, die nicht wenige Nationen in arge Not brachten und bringen. Der internationale Beschluss lässt sich in den nationalen Parlamenten oft nur unter großen Widerständen durchsetzen. So war es besonders in Frankreich, wo die Verwirklichung der *Europa*-Idee mächtig ins Stocken geriet. Sehr eindrucksvoll ist dieses Phänomen mittels der diese Idee symbolisierenden mythischen Konfiguration karikiert. Der Stier hatte sich mit letzter Kraft durch den Pariser Engpass gezwängt: Der Arc de Triomphe war nahe am Auseinanderbersten. Das Tier ist voller schmerzlicher Blessuren, macht einen angeschlagenen Eindruck. Und *Europa* duckt sich verschüchtert hinter die Hörner und hebt die Hand fast verstohlen zum Siegeszeichen „Victory“. Noch so ein Sieg, und wir sind beide verloren: Die Erinnerung an den antiken Symbol-Kollegen Pyrrhus ist zwangsläufig. Der Sinn steht hier Europa nicht nach Erotik. Der Erwartungsgestus tritt jedoch deutlich an dieser Verbindung des *Europa*-Bildes hervor. Der Weg nach Maastricht war ja nun frei.

3.16 *„Europa“ durchs Etappenziel*

Man registrierte die erfolgreiche Kraftleistung der *Europa*-Idee mit Genugtuung und Siegesfreude. Auch im Bild. Triumphierend wird das Etappenziel durchschritten. Doch in welcher Pose! Erstmals, wo in der Geschichte des Kontinents die vertragliche Basis zur Vereinigung *Europas* geschaffen ist, wird das Mädchen zur Primadonna. Sie agiert und nicht der Stier — mit Kraft und Energie. *Europa* lässt sich nicht vom Geliebten tragen (wie seit alters), sie selbst stemmt, auch jetzt erotisch anziehend, aber kräftig schwitzend, den bekränzten, stolzen Stier in die Höhe und läuft mit ihm frohlockend über die Ziellinie — unter Demonstration ihrer verlockenden Reize. Die Attribute des antiken Paares sind vorhanden, aber die Konstellation hat sich total verkehrt, das macht den Witz des Bildes aus. Die Karikatur macht freilich auch deutlich: Bei aller Triumphgebärde ist erst ein Etappenziel erreicht.

3.17 *Das mythische Paar als Unterschlupf für alle*

In den Sog des Erfolges sind nahezu alle Nationen des Kontinents geraten. Alle drängen zur EU. Sie wollen sich gewissermaßen unter das schützende Dach des „Gemeinsamen Hauses“ stellen. Dieses Dach wird symbolisiert durch die in der Form des Stiers über die einzelnen Mitglieder gebreitete Decke, auf der genüsslich und durch ihre Reize lockend die Dame *Europa* liegt. Drei Neulinge schicken sich gerade an, unter ihre Decke zu schlüpfen: Österreich,

Schweden, Finnland. In diesem vielfüßigen, sich immer mehr in die Länge ziehenden Raupenwesen, in das sich der Stier verwandelt hat, tritt uns die Vielheit der Völker in der Einheit der politischen Idee *Europa* augenfällig vor Augen — nicht ohne hintergründige Ironie. An den allein sichtbaren Beinen ist die Identität des Einzelnen, wenn überhaupt, nur noch in Spuren zu erkennen. Was wird aus den Zügen, die den Völkern ihre Eigenart geben und sie sympathisch machen? Scharf markiert treten sie nochmals an den drei Neulingen hervor, ehe sie unter die EU-Decke verschwinden und so gleichsam „uniform" werden. Der Betrachter fragt sich: Bleibt im „Gleichschritt" dieses Monstrums nicht die Individualität seiner Teile auf der Strecke? Mit der Europa-Idee verbinden sich nach wie vor Ängste. An seinem Symbol kehrt sich immer auch der Bedrohungsgestus hervor. Die Erotik ist hier ganz in den Dienst einer nicht ungefährlichen Politik getreten.

3.18 *„Empfinden europäisch" — das antike Paar als Informationsrahmen*

Trotz der mit der Vereinigung des Kontinents verbundenen Risiken fühlen sich die Menschen in *Europa* zusammengehörig. Das europäische Empfinden ist mehrheitlich gegeben, wie die unter dem Thema „Europa-Gefühl" veröffentlichte Statistik zeigt. Das Untersuchungsergebnis ist auf das mittlerweile standardisierte Europa-Symbol aufgedruckt. Das Bild spricht ohne zusätzliche Angabe für sich. Die Konfiguration ist hier — zu diesem Zweck — gewissermaßen archaisch stilisiert. Sie steht nicht im Vordergrund, sucht nicht den pointierten Effekt, ist deshalb völlig der erotischen Atmosphäre entzogen. Sie bildet lediglich den Informationsrahmen für eine politologische Aussage über *Europa*. Diese demoskopische Untersuchung, am *Europa-Symbol* präsentiert, macht zugleich deutlich, dass das unter den Europäern festgestellte größtenteils positive *Europa*-Denken auch die Schule in die Pflicht nimmt — eben Themen wie diese intensiv zu behandeln. Darin manifestiert sich ein elementares Bildungsbedürfnis.

3.19 *Das mythische Paar noch nicht am Ende des Weges*

Tagtäglich erscheinen in Zeitungen, Illustrierten, Werbeschriften, Plakaten u. ä. neue Variationen des *Europa*-Bild-Motivs; sie kommentieren lokal orientiert oder auch global ausgerichtet den Prozess der Vereinigung. Das geschulte Auge der Schüler wird diese „Metamorphose" der antiken Konfiguration aufmerksam verfolgen und auch vor einem größeren Verständnishorizont. Man sollte die jungen Menschen unbedingt anregen, solche Dokumente der Rezeption zu sammeln, in ihre Sach- bzw. Interpretationshefte einzufügen. Sie können darüber auch — bei späteren Anlässen — darüber referieren und ihre Entdeckung mit eigener Deutung zur Kenntnis bringen.

Pädagogisch fruchtbar — und zugleich ein Gewinn für den Lateinunterricht als Werbemittel — ist die Gestaltung einer Collage aus *Europa*-Dokumenten, die man im Klassenzimmer oder vielleicht sogar an einer Wand im Schulhaus anbringen kann. Dadurch bleibt die Antike für lange Zeit optisch präsent; ihre Aktualität manifestiert sich unaufdringlich.

4. Textbuch zu einem kurzen Europa-Hörspiel

Antike Texte lassen sich ohne weiteres in eine andere Textsorte umgestalten. Eine der beliebtesten Formen solcher Umgestaltung ist die Dramatisierung. Im Folgenden ist von einem meiner früheren Studenten die Europa-Geschichte in einem kurzen Hörspiel neu gestaltet, in phantasievoller Erweiterung und mit witzigen Effekten.
Dieses Hörspiel kann von den Schülern mit verteilten Rollen gelesen oder vielleicht gar auf eine Tonkassette aufgenommen werden.[1] Am günstigsten wäre es, wenn dieses Beispiel Schülern die Anregung gäbe — etwa in Konkurrenz dazu —, ein anderes Produkt der dramatisierenden Rezeption zu schaffen.

ZEUS UND EUROPA

Hörspiel von Herbert Luible

Personen

Ein Reporter
Karl der Große
Europa
Agenor
Telephassa
Kadmos
Mantis, ein Seher

Notwendige Hintergrundgeräusche:
1. Türglocke bzw. -klingel
2. Türknarren
3. Zuschlagende Tür
4. Symphonische, romantische Orchestermusik
5. Tassenklappern, klimpernde Löffel
6. Am Boden zerschellende Tasse

(Die Glocke einer Haustür klingelt. Kurze Pause. Nochmaliges, heftigeres Klingeln. Knarrend öffnet sich die Tür.)

KARL DER GROSSE: Eine Unverschämtheit, diese Bimmelei! Sie wünschen?
REPORTER: Äh, guten Tag ...
KARL: Junger Mann, wir kaufen schon lange nichts mehr! Und jetzt schauen Sie gefälligst, dass Sie weiterkommen!
REPORTER: Äh, hören Sie doch, das ist ein Missverständnis ...
KARL: *Augenblicklich* nehmen Sie Ihre Quadratlatsche aus der Tür — Freundchen!
REPORTER: Aber so hören Sie doch — ich habe einen Termin!
KARL: Ach nee.
REPORTER: Ja, bei der Dame des Hauses ...
KARL: *Was?* Schämen sollte die sich — in ihrem Alter!

[1] Das Ergebnis könnte dem Herausgeber gegen eine kleine Belohnung zugesandt werden (Mitterlängstraße 13, 82178 Puchheim-Ort).

REPORTER: Jetzt hören Sie doch — zufällig bin ich Reporter!
KARL: Ist ja hochinteressant — und ich bin Karl der Große!
REPORTER: Ach nee...
EUROPA (im Hintergrund): Charlie, ist da wer? Vielleicht der Reporter? Frag doch mal, ob er diese Reportagen schreibt!
REPORTER (laut): Frau Europa, sind Sie das? Wir haben einen Termin — einen Gesprächstermin vereinbart! Erinnern Sie sich?
EUROPA (an der Tür): Ach, da sind Sie ja! Entschuldigen Sie vielmals, aber Charlie ist manchmal etwas schroff, besonders Fremden gegenüber! Charlie, das also ist der Mann, der diese Reportagen schreibt, die *frau* dann beim Friseur lesen kann, aber ... das verstehst du nicht, mein fränkischer Kaiser!
KARL: Sehr wohl, mein phönikisches Goldstück!
REPORTER: Oh, was für ein Zufall! Wissen Sie, dass ich fürs „Goldene Herzblatt" schreibe? Haha! ... ha ... äh ...
KARL: Ach nee.
EUROPA: Und wussten *Sie*, dass ich ursprünglich tatsächlich aus Phönikien stamme? Aber was stehen wir hier noch länger herum! Kommen Sie rein, nehmen Sie Platz, und du, Charlie, machst die Tür zu.
(Die Tür fällt mit voller Wucht ins Schloss.)
KARL: Sonst noch was?
REPORTER (leise): Sagen Sie mal, Frau Europa — im Vertrauen: Ist das wirklich, ich meine, wirklich Karl der Große?
EUROPA (lacht): Ach, der gute Charlie! Ständig fühlt er sich für mich verantwortlich und sieht überall Gespenster! Wissen Sie, er hält mich — aber erzählen Sie es nicht weiter —, er hält mich für sein verflossenes Frankenreich und glaubt, die wilden Hunnen hätten es immer noch auf mich abgesehen — ist das nicht rührend?
KARL: Redet ihr etwa über *mich*?
EUROPA: Ach, Charlie, willst du unserem Gast nicht wenigstens ein Glas Wein anbieten?
KARL: Trinken Sie überhaupt Wein?
REPORTER: Also, eigentlich schon, ah ...
KARL: Frankenwein. Was dagegen?
REPORTER: O bitte, selbstverständlich nicht! Frankenwein trinke ich überhaupt bevorzugt ... vorzüglich ... vorzüglicherweise ...
KARL: Ach nee.
REPORTER: Ja, er schmeckt so ...
KARL: Wie schmeckt er denn nun? Mann, stottern Sie hier nicht rum!
REPORTER: ... so besonders köstlich säuerlich ... äh ...
EUROPA: Also, jetzt lass das, Charlie, du hörst doch, dass dein Wein dem Herrn schmeckt! Nun gut, Herr Reporter, was verschafft uns die Ehre? Wie kann eine so alte Dame Ihnen behilflich sein?
REPORTER: Also, um gleich in medias res zu gehen ...
EUROPA: Die Medien, ja, die stellen mich immer völlig verkehrt dar! Sie kennen doch dieses hässliche Bild beim Wetterbericht im Fernsehen. Und jetzt frage ich Sie: Sieht *so* etwa eine schöne Frau aus? Ja, auf alten Landkarten trug ich sogar mal eine Krone! Und heute? Schmutzige Wolken! Das ist Europa heute! Ich sage Ihnen, diese Leibwächterfotos ...
REPORTER: Satellitenfotos.

EUROPA: Sage ich doch, diese Satelliten gehören verboten! Natürlich bin ich nicht mehr die Jüngste, aber glauben Sie mir, an Schönheit konnte es so leicht keine mit mir aufnehmen in meinen besten Tagen!

(Im Hintergrund erklingt leise, romantische Musik, die während der folgenden Rede Europas ständig zu hören ist.)

Die ganze Welt war noch jung, von Liedern erfüllt und Sonnenschein. Nachts aber rauschte das Meer, unter der Sichel des Mondes wiegten sich Palmen, und der Duft ihrer Datteln drang bis ins Schlafgemach. Da ruhte ich aus, Tochter des Königs Agenor und seiner Gemahlin Telephassa. Delphine tauchten ans Licht, wenn das Frührot erschien, und unsre Götter erwachten, ihr Bildnis aus farbigem Stein: Zeus, Hera, Poseidon ... ein Mosaik an der Wand ... und dann rief mich Mutter zum Frühstück ...

(Die Musik verstummt. Nun hört man das Klappern von Kaffeetassen, Löffeln usw.)

TELEPHASSA (laut): Europa! Frühstück ist fertig! Eu-ro-pin-chen! Wo zum Diabolos steckt das Kind schon wieder? Jeden Morgen das gleiche Theatron! Agenor, du musst mal ein Machtwort sprechen!

AGENOR: *Ich*? Wieso schon wieder *ich*? Als König hab' ich ohnehin schon genug zu tun! Und überhaupt, diese jungen Mädchen haben doch nur Flausen im Kopf, das kennt man ja. Und überhaupt, wer ist denn hier die Hausfrau und Mutter? Und überhaupt ... Kadmos, hast du deine Schwester gesehen?

KADMOS: Nee, Papa, ich hab' mir bloß in den Finger geschnitten ...

(Wieder erklingt die Musik im Hintergrund.)

EUROPA: Und dann kam ich wie immer in den Speisesaal gerannt und rief: Kadmos, wisch dir das Ketchup ab, auf den Trick fällt hier keiner mehr rein, ab in die Schule! Und mein Bruder rief: Du blöde Petze! Und so vergingen glückliche Tage, Monate und Jahre. Aber dann, eines Morgens ...

(Die Musik verstummt. Erneut hört man Kaffeetassen klappern.)

TELEPHASSA (laut): Eu-ro-pi-ne! Europa, auf zum Frühstück! Hol' mich der Diabolos, das Kind schläft immer noch! Jetzt sag' doch du auch mal was, Agenor!

AGENOR: Warum *ich* schon wieder! Als König hat man ja noch was andres zu tun, als seine Tochter beim Frühstück zu beaufsichtigen! Und überhaupt, man kennt doch die jungen Dinger — bestimmt träumt das Kind irgendwo im Garten. Und *wer* ist hier eigentlich die Mutter im Haus? Das interessiert mich jetzt allmählich!

KADMOS: Papa, ich hab' mir in den Finger geschnitten!

MANTIS (feierlich): Es ist nur Ketchup, lieber Kadmos, drum halt schnell den Mund und stell dich nicht so dumm!

KADMOS: Mama! Papa! Schaut mal! Der Mann da!

(Eine Kaffeetasse zerschellt am Boden. Totenstille.)

TELEPHASSA: Agenor! Schau dir diese zerlumpte Gestalt an! Woher kommt dieser Bettler so plötzlich? Wie kommt der überhaupt hier herein? Jetzt sag' doch du auch mal was, Agenor!

AGENOR: Und überhaupt — woher kennt dieser Kerl den raffinierten Trick mit dem Ketchup?

MANTIS: Vergangenheit und Zukunft, diese Zeiten
Sind unterschiedliche Befindlichkeiten.

Ich aber, Mantis, finde mich in beide,
Den Hörern zur Belehrung und zur Freude.
TELEPHASSA: Mantis heißt er! Ein Seher! Agenor, ein Seher besucht uns!
KADMOS: Mama, was ist das — ein Seher?
TELEPHASSA: Halt den Mund, Kadmos, das verstehst du noch nicht!
AGENOR: Einen Moment, Kinder! Da kann ja jeder daherkommen. Und überhaupt, als König habe ich die Pflicht, solchen Orakeln genauer auf den Grund zu gehen als der unbedarfte Allerweltsbürger. Also, Fremder, du behauptest also, und ich darf dich hier wörtlich zitieren ...
TELEPHASSA: Mein Gott, Agenor! Komm endlich zur Sache — wir sind hier nicht im Parlament!
MANTIS (spricht ständig mit feierlicher, getragener Stimme):
Des Sehers Ahnung schwirrt in hohen Lüften,
Ein Kolibri, berauscht von Honigdüften ...
KADMOS: Papa, ich glaub', der hat eher 'ne Meise!
TELEPHASSA: Halt den Mund, Kadmos!
MANTIS: Ihr traut mir nicht und fordert gar Beweise?
Zuteil wird euch der mächtigste Beweis:
Mich sandte nach Phönikien — Herr Zeis!
AGENOR: Ach so — ein Vertreter bist du! Aber überhaupt, hier braucht niemand eine Brille, also Wiederseh'n!
TELEPHASSA: Agenor, jetzt hör doch mal zu! *Zeus*, nicht Zeiss, *Zeus*!
MANTIS: Ich sprach es nur des lieben Reimes willen,
Denn Zeus hat nichts zu schaffen mit den Brillen,
Und künden soll ich euch ganz unumwunden:
Das Europinchen ist und bleibt verschwunden.
TELEPHASSA: Wie — verschwunden? Europa? Meine Tochter? Verschwunden?
MANTIS: Heut' hülle sich in Wehmut jedes Haupt,
Denn eure Tochter ward von Zeus geraubt.
KADMOS: Hurra! Endlich!
TELEPHASSA (laut): Meine Tochter! Geraubt! Von Zeus! Agenor! Jetzt sag' doch endlich mal was!
AGENOR: Meine liebe Hausfrau, als König ist es meine Pflicht, bei Konflikten mit Göttern kühlen Kopf zu bewahren zum Nutzen und Wohl meines Königreichs. Nun ...
TELEPHASSA (noch lauter): Das ist ja — ja bin ich denn hier im *Irrenhaus*? Deine Tochter wird geraubt von diesem, diesem *Zeus*, und dir fällt nichts andres ein als — als blödes *Geschwätz*?
MANTIS: Erreg' dich nicht, du gute Frau, sie schwebt
Im Wolkenkuckucksheim, d. h. sie lebt.
AGENOR: Schwebt? Bitte etwas genauer!
MANTIS: Ihr Glück begann, und sein wird es von Dauer.
Sie ist auf einem weißen Stier geritten,
Und Stiere lassen sich nicht lange bitten.
TELEPHASSA: Ich versteh' kein Wort!
AGENOR (ruhig und bedächtig): Was hat das jetzt mit — Zeus — zu tun?
MANTIS: Der Stier war Zeus, und fröhlich miteinander

Umflogen sie das weite Meer selbander.
KADMOS: Ui, toll!
TELEPHASSA: Aus diesem delphischen Orakelzeug soll einer schlau werden!
AGENOR: Mir dämmert da was, Telephassa! Und überhaupt, wir wissen ja, dass Zeus sich andauernd in schöne Erdenkinder verliebt — da dämmert mir was!
MANTIS: Ich sage es nur einmal, und dann schweige
Ich immerdar! Drum achtet auf das Wort!
Wenn ich mit dieser Hand nach Westen zeige,
So weise ich auf jenen fernen Ort,
Wo nun Europa weilt: Die Insel Kreta,
Und nebenbei: Ist noch ein Schluck Kaffee da?
AGENOR: Aber *bitte*, hier, bedien' dich, auch noch Zucker und Milch, als König hat man ja nichts andres zu tun ...
TELEPHASSA: Ich will jetzt *endlich* die ganze Geschichte hören! Die ganze Geschichte, verstanden?
(Bei den folgenden Worten des Sehers erklingt wieder geheimnisvolle Musik.)
MANTIS: Die Hyazinthe blüht, der Thymian,
Das Gänseblumenspiel, der Löwenzahn,
Die Freude deiner Tochter, König: Gern
Betrachtet sie die Herden ihres Herrn
Beim Scherz mit ihren Freundinnen; die Zeit
Verwandelt sich in Traum und Heiterkeit.
An solchen Tagen glänzt das junge Gras
Geschmeidiger, man weiß nicht, wie und was,
Die Sonne brennt mit feuriger Gewalt,
Und Vater Zeus erscheint in Stiergestalt.

Ein weißer Stier inmitten grauer Kühe:
Da staunt Europa, und mit leichter Mühe
Naht ihr der Gott. Noch scheint sie ungerührt,
Weil jedes wahre Märchen Zweifel schürt,
Jedoch ein Blick ins treue Auge raubt
Die Schüchternheit, wenn man an Wunder glaubt.
Und es ist wunderbar: Die Welt erbebt,
Als mit Europa sich der Gott erhebt,
Sie starrt gelähmt aufs weite Meer, sie hört
Ein Kinderlied am fernen Strand, verstört
Winkt sie zurück ein allerletztes Mal —
Dann donnern nur noch Wellen überall.

Botero, Ratto di Europa (1992)

(Die Musik wird laut und verklingt allmählich nach ungefähr 15 Sekunden.)
EUROPA: So hat mich Zeus also in westlicher Richtung nach Kreta gebracht, Zeus in der Gestalt eines weißen Stiers ... Und was soll ich Ihnen sagen, Herr Reporter — seit dieser Zeit ist mein Name bekannt in aller Welt. Irgendjemand ist nämlich auf die Idee gekommen, die ganze Landmasse im Westen nach mir zu benennen; und das ist wirklich schmeichelhaft und ehrt mich, meine sehr verehrten Damen und Herren!

Ikarus

1. Unterrichtsprojekt

1.1 *Didaktische Begründung*

Von den Motiven des antiken Mythos, die sich zu Symbolen verdichtet haben, nimmt Ikarus wohl den ersten Platz ein. Amerikaner haben ihn sogar zum „Fürsten der abendländischen Mythologie“ gekürt, nicht nur deshalb, weil er gewiss am stärksten über Europa hinaus gewirkt hat, wohl auch, weil ihnen die sich in seinem Schicksal erschließenden Dimensionen des Menschseins wie bei keiner anderen mythologischen Gestalt aktuell und zugleich immer gültig erscheinen: der unstillbare Drang zur Freiheit, das Ausbrechen aus den Grenzen der Normalität, die Abenteuerlust beim Fliegen in allen Stufen der Perfektion, das Risiko der Technik, die Existenzgefährdung der Menschheit. In keinem der antiken Symbole liegt eine solche Spannweite möglicher Deutungen, die sich freilich immer zutiefst auf den Menschen beziehen. Ikarus ist die humanistische Metapher schlechthin: Er hat in Texten (Gedichten, Romanen), in Bildern (Gemälden, Graphiken, Holzschnitten, Karikaturen), Skulpturen und in Musikwerken (Chansons, Opern) unzählige Dokumente der Rezeption bewirkt.

Deshalb ist es ein absolutes didaktisches Gebot, den Schülern von diesem Mythos und seiner Wirkungsmacht einen Eindruck zu vermitteln, vielleicht gelingt es sogar, sie selbst für irgendeine Form von kreativer Rezeption zu gewinnen.

Mag sein, dass es Ovid vordergründig nur darum ging, in der Ausgestaltung dieses griechischen Sujets von Dädalus und Ikarus „einfach eine schöne Geschichte“ zu schreiben, wie Helmut Offerman annimmt; seine formalästhetische Analyse dieser Textpartie verdient auf jeden Fall Beachtung.[1] Doch duldet es keinen Zweifel, dass sich in der Komposition und in der inneren Organisation der Geschichte ein Aspekt antiken Denkens spiegelt, den der Dichter bewusst in Szene gesetzt hat — wie auch bei vielen anderen „schönen“ Geschichten. Vom Inhalt, nicht so sehr von der Form sind die Impulse zur eigenschöpferischen Auseinandersetzung mit diesem Stoff ausgegangen, in Literatur, Malerei und Musik. Wie wäre diese Schülern sonst verständlich zu machen? Zudem: Nur von der ethischen Dimension des Textes her lässt sich eine tiefere pädagogische Wirkung bei den Schülern erreichen.

1.2 *Hinweise zur Organisation*

Die Episode „Dädalus und Ikarus“ umfasst 53 Verse. Diese sollten in etwa 8–10 Stunden bewältigt werden können. Die erste Stunde dient der Einführung in den mythologischen Hintergrund und der Übersetzung der ersten Texteinheit. 1–2 Stunden sollten am Schluss auf die kultur- und wirkungsgeschichtliche Einordnung des Themas (s. Aufgaben zur Gesamtinterpretation und Exkurs in die Rezeptionsgeschichte) verwandt werden.

---

[1] Einfach eine schöne Geschichte: Ovids Daedalus und Icarus (Met. VIII 183 ff.). In: DASIU 2/94, 11–24.

Wie sieht der Ablauf aus? Die nachfolgende Darstellung skizziert:

1. die erste Stunde am Text,
2. die zusammenfassende Betrachtung der gelesenen Texteinheit,
3. den Vergleich Ovids mit seinen Vorlagen,
4. die bedeutendste Linie der Wirkungsgeschichte.

Natürlich sollte der Lehrer die ihm wichtig erscheinenden Akzente setzen, aus dem neben dem Text angebotenen Material (Fragen, Zusatztexten, Bilder) eine für seine Darbietungsabsicht passende Auswahl treffen. Unverzichtbar scheint mir jedoch die Berücksichtigung der Bilddokumente, die im „Exkurs zur Rezeptionsgeschichte“ vorgestellt werden (s. dazu die Interpretation S. 47ff.).

Ikarus, Zeichnung von Zuzana Požárková (7 J.) und Jana Marešová (7 J.) aus Prag

1.3 *Die erste Stunde am Text*

a) Die Einstimmung

Im Deutschen Museum in München weist den Besucher folgende Tafel in die Halle der Flugzeuge ein:

> Uralt ist der Sehnsuchtstraum des Menschen, dem Vogel gleich in die Lüfte zu steigen, losgelöst von aller Erdenschwere mit Wind und Wolken dahinzusegeln. Vielfältig sind heute die technischen Lösungen dieser Aufgabe „zu fliegen“. Jahrhunderte aber hat es gedauert, bis aus den Ideen einzelner Begnadeter und den zahllosen Versuchen vieler Irrender brauchbares Fluggerät geschaffen wurde. Weniges ist nur geblieben, das geeignet erschien, der Nachwelt am Beispiel den Weg der Entwicklung zu zeigen. Noch nicht 200 Jahre ist es her, dass der erste „Aerostatische Ball“ sich erhob, etwa 70 Jahre sind seit den kurzen Luftsprüngen mit motorisch angetriebenen Drachenflugzeugen vergangen. Heute jedoch ist das Luftmeer erobert; Ballone schweben mehr als 30 000 Meter über der Erde, Strahlflugzeuge jagen in großen Höhen mit mehrfacher Schallgeschwindigkeit dahin, künstliche Trabanten umkreisen die Erde. Der Flug des Menschen hat die Natur übertroffen, ist aber die Sehnsucht des Ikarus erfüllt?

Was war das für eine Sehnsucht des Ikarus? Wer ist Ikarus? Welchen Traum des Menschen hat er als einer der ersten zu verwirklichen versucht? Dieser Traum, es den Vögeln gleichzutun, wurde seit Urzeiten geträumt, er reicht,

wie wir aus Zeichnungen der Höhlenmalerei wissen, bis in die Steinzeit zurück. In der griechisch-römischen Antike erfüllte sich dieser Traum in einem Mythos, der sich um die Gestalten des Dädalus und Ikarus ausbildete. Der römische Dichter Ovid hat die Fabula, den Mythos, in eine bleibende, weiter wirkende Form gebracht. Und diese Darstellung können wir im Lateinischen im Original lesen. (Man sollte dies durchaus als eine Chance hinstellen.)
Wie sieht nun Spracharbeit und Interpretation in der ersten Stunde am Text aus?

b) Skizze der Spracharbeit und Interpretation

Die Vorinformation macht die Schüler bekannt mit der Situation des Dädalus: Verbannung aus Athen, Gefangenschaft auf Kreta, weil er im Zorn seinen Helfer und Diener, den Neffen Talus (oder nach anderer Version: Perdix) getötet hatte. Der Hinweis kann durchaus schon im Anschluss an Einführung in Autor und Werk gegeben werden; vielleicht lassen sich auch da schon die ersten zwei bis drei Verszeilen metrisch erarbeiten und übersetzen. So wird Zeit frei für eine intensive Bearbeitung der Partie, die für die eigentliche „erste Stunde am Text", 183–189 (1. Hälfte: *naturamque novat*), vorgesehen ist.
Nach dem Lesen und Übersetzen der Verse 183–189 suchen wir einen interpretatorischen Einstieg: einen Vers, von dem aus sich die gelesene Partie inhaltlich erschließt. Das kann zweifellos der fast zum geflügelten Wort gewordene Vers sein:

Omnia possideat, non possidet aera Minos (187).

Wir schreiben ihn an die Tafel, geben das metrische Schema:

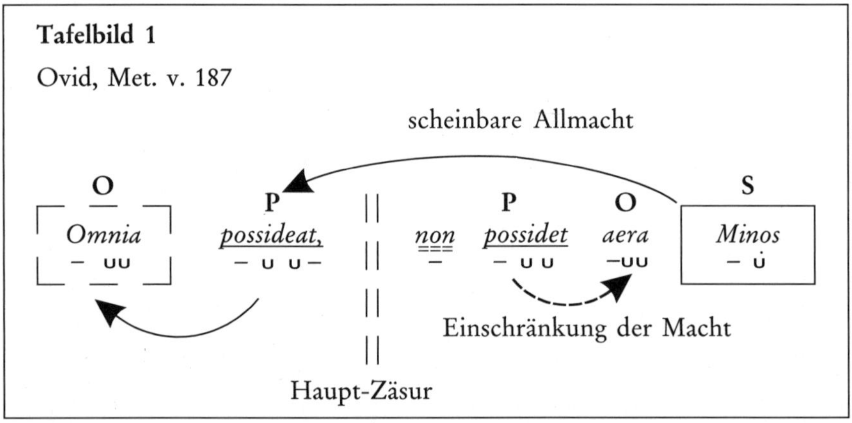

Wir sehen uns diesen Vers sehr genau im Detail an: Die Hauptzäsur liegt in der Scheide von Gliedsatz und Hauptsatz, unmittelbar an der Zäsur stoßen die gleichen Begriffe *possideat/possidet* zusammen, durch das dazwischen gestellte *non* geraten die beiden Prädikate in einen scharfen Gegensatz: Diese Antithese beherrscht die Aussage des Satzes. Das lässt sich noch klarer herausstellen, indem wir die Stellung von Subjekt, Prädikat und Objekt kennzeichnen: O P – P O / S. Das Subjekt für die Sätze steht am Ende, die Objekte stehen kreuzweise zu den Prädikaten: Das Stilmittel des Chiasmus, die chiastische Antithese kennen die Schüler bereits (etwa aus der Cäsarlektüre). Was leistet es hier? Die Erklärung seiner Funktion wollen wir dem Verständnis des Sinnes nutzbar machen. Diese Wortstellung ist völlig ungewohnt, unnormal. Die normale Wortstellung wäre etwa: *Minos possideat omnia, aera non possidet.* Warum weicht der Dichter davon ab? Nur aus Gründen des Versmaßes und des rhythmischen Wohlklangs? Es hat tiefere Gründe. Der Schluss des Satzes (hier des Verses) ist eine Nachdruck- oder Kraftstelle; die zweite Nachdruckstelle ist der Satzanfang, der hier zugleich Versanfang ist. Anfang und Ende stehen in einer Betonungs-Korrelation; dazwischen steht zweimal das Prädikat *possidere.* Die Handlung des stark betonten Subjekt *Minos* ist zuallererst auf das betonte Objekt *omnia* gerichtet. Minos besitzt alles, er ist fast allmächtig. Dieser Eindruck wird durch die Wortstellung nachhaltig gegeben.

Nun ziehen wir schrittweise die Aussagen vor und nach dem analysierten Satz in die Interpretation ein: Wir bringen den Satz in den Zusammenhang des weiteren Textes. Dädalus will sich dieser Allmacht entziehen, da er die lange Verbannung hasst und von Liebe zu seiner Heimatstadt, also von Heimweh, getrieben wird (v. 183 ff.). Er möchte fliehen. Kann er es? Ist er nicht ohnmächtig gegenüber Minos? Im Bau des Kernsatzes dieses Textteils (nicht bloß in der inhaltlichen Aussage) wird unmittelbar einsichtig: Minos' Allmacht, sein *possidere omnia*, ist eingeschränkt. Die Luft besitzt er nicht. *Aera* ist in scharfer chiastischer Antithese gegen *omnia* gesetzt. Der Bereich der Lüfte ist von seiner Macht ausgeschlossen. Der Himmel steht offen: *at caelum certe patet* (v. 186). Den Himmel kann der König nicht verbarrikadieren. Ist dies ein Nachteil für Minos? Eine wirkliche Begrenzung seiner Macht? Nur dann, wenn ein anderer diesen Bereich in seine Macht nimmt. Dädalus will dies zusammen mit seinem Sohne. Er will den Weg durch die Luft gehen, sich gewissermaßen den Himmel verfügbar machen: *ibimus illac* (v. 186). Möglich wird ihm dies durch seine künstlerischen Fähigkeiten, seine Begabung, die er auf bislang unbekannte Künste richtet: *ignotas animum dimittit in artes* (v. 188; das Hyperbaton verstärkt den Eindruck der Unbekanntheit, der Unerhörtheit solcher Fähigkeiten). Unbekannt sind sie deshalb, weil noch niemals Derartiges unternommen worden ist.

Ein Mensch will fliegen wie die Vögel. Das steht nicht im Plan der Natur. Dädalus „erneuert die Natur“[2], er revolutioniert gleichsam die Naturgesetze (*naturam novat,* v. 189; wir fühlen uns an das Zitat im Deutschen Museum erinnert: „Der Flug des Menschen hat die Natur übertroffen.“) Sein Motiv dazu ist die Ausweglosigkeit, in der er sich befindet, seine Ohnmacht, seine Not. Der Wille, sich daraus zu befreien, sich und seinen Sohn zu retten, aktiviert seinen Geist, seine Erfindungsgabe, seine *ars* (gr.: τέχνη). Die Not macht ihn zum Erfinder. Das technische Werk, wie hier die Flügel, ist ein *inventum necessitatis.* Im antiken Mythos ist der Urtraum des Menschen zu fliegen nicht zweckfrei, nicht reine Lust, sondern zweckgebunden. Dahinter steht eine existenzielle Not, ein Bedürfnis (gr.: χρεία), das den Menschen zur Leistung treibt.

---

[2] Er unternimmt es, „in kühnem Erfindergeist die Gesetze der Natur zu ändern“. So GEGENSCHATZ, E.: Zur Zielsetzung der Lektüre im Lateinunterricht. In: Didaktik des altsprachlichen Unterrichts (hrsg. von NICKEL, R.) — Darmstadt 1974, 331.

Das Fliegen ist eine Technik des Überlebens, die der Mensch seinem erfinderischen Geist verdankt (nicht real, sondern in der Imagination des Dichters).[3] Wir greifen hier wohl ein ursprüngliches mögliches Motiv für die technische, kulturelle Entwicklung.
Und dies ist die tiefere Einsicht, die die Interpretation — ausgehend von der formalen Analyse des Kernsatzes — den Schülern als Ergebnis der ersten Stunde (als Stundenhöhepunkt) vermittelt wird. (Dieses Ergebnis muss im Sachheft/Interpretationsheft festgehalten werden.)

1.4 *Interpretationslinien und zusammenfassende Betrachtung*[4]

Solche Einsichten werden Stunde für Stunde aus dem Text und am Text erarbeitet. Dabei könnten sich folgende Interpretationslinien — in der zusammenfassenden Betrachtung — ergeben (die sich im Tafelbild 2, s. u. S. 43, niederschlagen).
Dädalus baut seinen Flugapparat den Vögeln nach (*ut veras imitetur aves,* v. 195); das ist ein bemerkenswerter Vorgang. Ovid beschreibt ihn genau. Flughistoriker deuten heute diese Beschreibung sogar so, als könnte hier erstmals das aerodynamische Prinzip des Flügelprofils erfasst und in der Theorie dargestellt sein. Darüber mag man sich streiten; die technisch interessierten Schüler ereifern sich daran; auf jeden Fall hat es einen motivierenden Effekt.[5]
Der Dichter selbst will innerhalb des Mythos Dädalus' Flugvorrichtung, so einfach sie ist, als eine sensationelle Leistung, als ein Wunderwerk (*mirabile opus,* v. 199 f.) begreiflich machen. Das gelingt ihm hervorragend. Er nimmt wie durch einen filmischen Schnitt einen Perspektiven-Wechsel vor, indem er

---

[3] Die Schüler können emotional diese Situation erfassen und damit unmittelbarer betroffen werden durch den Hinweis auf die kühne Flucht von DDR-Bürgern (vor der Vereinigung Deutschlands, 1978) in einem selbst gefertigten Heißluftballon; auch hier waren alle Wege versperrt — außer der durch die Luft.

[4] Erstmals ist vom Verfasser eine knappe zusammenfassende Deutung versucht: Die Wahrheit im Mythos von Dädalus und Ikarus. Ein Deutungsversuch von Ovid, Metamorphosen VIII 183–235. In: Anregung 13 (1967), 391 ff.

[5] In einer Stunde sollte dabei unbedingt der Versuch eines Flughistorikers gezeigt werden, die Beschreibung des Ovid unter modernen Kriterien zu bewerten; z. B. Lochner, W.: Fliegen — das große Abenteuer der Menschheit. — München 1970, 84 f.; mit aufschlussreichen Zeichnungen:

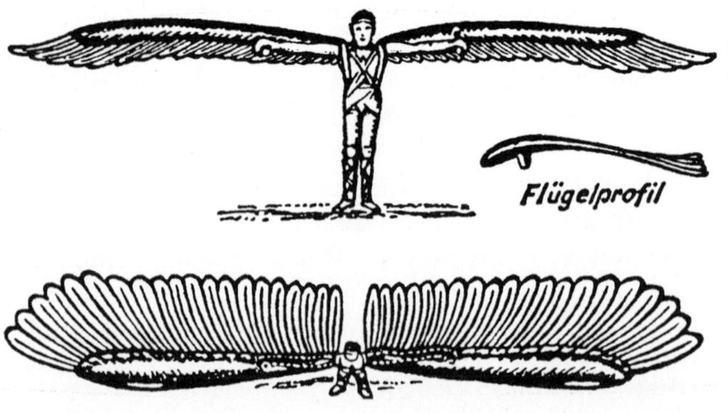

Die Flügel des Dädalus (nach Ovid)

das Geschehen von einem anderen Standort aus beobachten lässt (v. 217 ff.: *Hos aliquis . . .*). Unbeteiligte einfache Menschen kommen ins Bild: ein Angler, ein Hirte, ein Ackermann. Staunend, fassungslos schauen sie auf die fliegenden Menschen; ihr naiver Glaube lässt sie meinen, diejenigen, welche den Äther zu durchfliegen vermöchten, seien Götter. (Darauf ist später noch näher einzugehen!) Dieses einfache Denken setzt die Schöpferkraft des Menschen der göttlichen Schöpferkraft gleich (bezeichnenderweise nennt Ovid den Weltschöpfer Gott ebenso *opifex,* I 79, wie den Erfinder Dädalus, VIII 201). Diese Erhöhung des Menschen durch sein technisches Vermögen, durch seine Geist-Begabung ist aber nicht problemlos.

Im Mythos von Dädalus und Ikarus liegt die Wahrheit, dass — auf das Denken unserer Zeit übertragen – trotz gewaltiger und revolutionierender wissenschaftlicher Erfolge des Lebens ungetrübte Freude keinem Irdischen zuteil wird. Denn er zeigt das Abgründige am technischen Werk; in ihm wird eine grundsätzliche Problematik spürbar, die sich hier aus der gegensätzlichen Haltung dessen, der das technische Werk schafft, und dessen, der es benützt, ergibt. Dädalus will seinen Sohn an seiner Erfindung und der dadurch möglichen Rettung teilhaben lassen; er will Ikarus mitretten; er ermahnt ihn eindringlich, wie er sich während des Fluges zu verhalten hat (vgl. v. 203 ff.). Als er ihm die Flügel anlegt, befeuchten sich aber seine greisen Wangen mit Tränen und Angstschweiß (*genae maduere seniles,* v. 210), es zittern ihm die väterlichen Hände (*patriae tremuere manus,* v. 211), er fürchtet während des Fluges um seinen Begleiter (*comitique timet,* v. 213), so wie ein Vogel, der die zarten Jungen zum ersten Flug vom hohen Nest in die Luft hinausführt (dieser Vergleich als sprachlich-dichterisches Mittel lässt gefühlsmäßig die Situation des Vaters noch stärker spüren, wie überhaupt das textkonstituierende Bild von Vogel, Flügel, Federn eine stark gefühlsbetonte Atmosphäre aufbaut;[6] vgl. v. 213 ff.). Warum fürchtet sich Dädalus wohl? Gewiss nicht nur, weil er in das Funktionieren, in die technische Perfektion seines Werkes zu wenig Vertrauen hat; er weiß auch um die Gefahren, die sich aus einem falschen, vielleicht maßlosen Gebrauch desselben ergeben können. Diese Skepsis des Handelnden gegenüber seinem eigenen Tun, das bange Ahnen des Dädalus setzt der Dichter — in seiner Erzähldistanz — um in die Feststellung, dass der Vater seinen Sohn „verderbliche Künste (*damnosas erudit artes,* v. 215) lehrt.

Ikarus ist noch ein *puer,* mutwillig, verspielt (vgl. v. 195 ff.); im Werk seines Vaters sieht er schon, als jener es herstellt, nur die Möglichkeit zu spielen. Er steht dabei und „nicht ahnend, ans eigene Verhängnis zu rühren, greift er mit lachendem Blick nach dem Flaum bald, wenn ihn ein leichtes Lüftchen verweht, bald knetet in harmlosem Spiel er das gelbe Wachs mit kindlicher Hand und hindert so seines Vaters staunenswürdiges Werk" (E. Rösch)[7]. Kindliche Unbefangenheit: Das ist das Wesensmerkmal des Ikarus.

---

[6] Die Ausdrücke *volare, volatus, aves, ala, penna, pluma* machen die „Merkmaldominanz" dieses Textes aus. Man lasse, um dies bewusst zu machen, die Schüler das Sachbzw. Wortfeld „Flügel, Vogel, Federn, Flügel" herstellen! Das Sprachmittel weist aus sich selbst auf das Thema des Textes hin. Der moderne Romancier Heinz Piontek (Die Mittleren Jahre, Hoffmann und Campe Verlag. — Hamburg 1967, S. 98) schreibt: „Vögel muss Ovid geliebt haben. Mit Vogelblicken streift er die Erde."

[7] Publius Ovidius Naso, Metamorphosen, lateinisch und deutsch. — München 1961, 285.

Diese seine Haltung ändert sich grundsätzlich auch später nicht, als sich Vater und Sohn durch die Lüfte bewegen. Ikarus zeigt aber plötzlich seinen eigenen Willen, als er entgegen dem Gebot des Vaters die mittlere Bahn verlässt und, „von der Freude am kühnen Flug" übermannt, seinen Vater verlässt. Von der Sehnsucht getrieben, in die Sphären des Himmels vorzudringen, „von der Leidenschaft zum Himmel erfasst", zieht er seine Bahn immer höher, er kommt der Sonne zu nahe und stürzt ab. Das zerstörte Vogelgewand, die Federn schwimmen im Wasser (*pennas... in undis,* v. 223) — bildhaft expressives Zeichen des Scheiterns. Wer scheitert? Dädalus, der Meister mit seinen Künsten? Gewiss auch er. Doch auch Ikarus? Der sich eigenwillig, fast trotzig ungehorsam die ihm zur Verfügung gestellte Kunst zunutze macht, um seinen Drang nach freiem Ausleben der Triebe zu befriedigen. Ist er an der Peripetie des Geschehens in einer anderen psychologischen Verfassung als zu Beginn? Dort ein naives Kind — hier ein pubertierender junger Mann? RUDOLF HENNEBÖHL nimmt diesen psychologischen Bruch als bewusst vom Autor gewollt an; er erkennt hier im Unterschied zur Gestaltung des Stoffes in der *„Ars amatoria"* II 14 ff. eine absichtliche Psychologisierung des Vater-Sohn-Verhältnisses, in dem er einen Generationenkonflikt wirksam sieht, der sich gewissermaßen „im Zeitraffer" vollzieht.[8]
Fest steht auf jeden Fall, dass Ovid das Interesse des Hörers/Lesers im zweiten Teil der Episode auf die Gestalt des Ikarus konzentriert; er ist der Agierende. Der Vater Dädalus, selbst nun zu einem eher ältlichen Mann gewandelt (vgl. *genae... seniles,* V. 210), ist fast nur noch Reagierender, über den das Schicksal wie eine unentrinnbare Macht hereinbricht. Damit verbindet sich zwangsläufig die Frage, wer letztlich für dieses Unglück verantwortlich ist. Der Vater durch seine Erfindung? Der Sohn durch seinen Missbrauch der Erfindung? Man darf überlegen, ob sich Ikarus nicht zumindest teilweise durch sein Verhalten schuldig gemacht hat.
Für Ikarus bedeutet das Fliegen nur Spiel, ausgelassene Freude, er berauscht sich an der Kühnheit des Fluges; das technische Werk ist ihm Mittel zur Befriedigung seiner Lust und Leidenschaft; dieser Trieb treibt ihn, in verbotene, nach antikem Glauben nur den Göttern vorbehaltene Bereiche einzudringen; die Kühnheit wird ihm zur Verwegenheit, die *audacia* zur *temeritas* oder noch mehr zur Überheblichkeit, eben zum Frevel (gr. ὕβρις).[9] Diese Gefahr liegt im

---

[8] Ovids Dädalus und Ikarus. Der Vater-Sohn-Konflikt im Zeitraffer. In ANREGUNG 40 (1994), 299 ff.

[9] Es lässt sich als ein Stundenergebnis auch folgende Gedankenlinie herausarbeiten: Die von Dädalus angestrebte Nachahmung der Natur (*ut veras imitetur aves*, v. 195) scheint zu gelingen; der Mensch bleibt scheinbar zunächst in Übereinstimmung mit der Natur, spürbar im Vogelvergleich, der die Angst des Vaters um den erstmals fliegenden Sohn ausdrückt (*velut ales, ab alto quae teneram prolem produxit in aera nido*, v. 213 f.). Der plötzliche Umbruch der Situation zerstört diese Übereinstimmung: Der Sohn kommt „vom Trieb zum Himmel erfasst" der Sonne zu nahe und stürzt ab. Kein Vogel täte dies; dieses Verhalten ist nicht tiergemäß, es steht nur dem Menschen frei, er hat die Entscheidung zwischen „falsch" und „richtig", „gut" und „schlecht". In dieser Freiheit seines Triebes, seines Willens liegt die Möglichkeit des Scheiterns. Nur der Mensch trägt eine Verantwortung für sein Tun und für sein Schicksal. Äußerlich formal markiert dieser plötzliche Umbruch der Situation das *cum*-inversivum (v. 223); hier liegt die Peripetie des Handlungsablaufs, der in die Katastrophe führt.

Wesen des technischen Werkes; die Möglichkeiten, die es bietet, verleihen nicht wenigen, gerade jungen Menschen das Gefühl, in ihrer Lust an Spitzengeschwindigkeiten über das Menschenmögliche hinausdrängen zu müssen, an keine Ordnung mehr gebunden zu sein, allenfalls an die in den Kräften der Materie wirkenden Gesetzmäßigkeiten. Das Gaspedal lässt sich nicht mehr stärker durchtreten. „Unmöglich ist es der Jugend, solches Maß zu halten ...", so MARIE LUISE KASCHNITZ[10].

Ikarus verstößt nicht nur gegen die Gesetze des Fliegens, sondern gegen die Gehorsamspflicht dem Vater gegenüber; er weiß nicht um den eigentlichen, vom Vater gemeinten Sinn des Fliegens und um die ihm innewohnenden Gefahren. Es wird ihm nicht recht bewusst, dass er durch sein Verhalten sich gefährdet und auch seinen Vater mit ins Unglück zieht. Es fehlt ihm noch, so könnte man sagen, das volle Bewusstsein der Verantwortung, wohl weil er noch nicht als mündiger Junge agiert — was ihn aber nicht völlig frei von Schuld sein lässt. Doch teilt er diesen Mangel an Verantwortungsgefühl nicht mit vielen in ihrem Wesen unmündigen Nutznießern der technischen Apparaturen, die sich schuldig machen? Diese „Ikarussünde" ist dem Grundsinn der Technik zuwider: Nicht Hilfe, Befreiung, Glück, Vollendung bewirkt sie, wird sie falsch und verantwortungslos gehandhabt, sondern Not, Leid, Vernichtung. Davon kann auch der mit betroffen werden, der das technische Werk geschaffen hat. Dädalus' Elend, zu dessen Beseitigung er sich ja um jene Erfindung bemüht hat, wird durch sie nur noch gesteigert, zu den sein Leid ursprünglich bedingenden Emotionen der nicht erfüllten Heimatliebe und des Hasses auf die Verbannung kommt am Ende die Trauer um den vernichteten Sohn: der dreimalige Ruf des *pater infelix* nach Ikarus macht es deutlich (v. 231 ff.). *Dixit ... dixit ... dicebat*: im iterativen Imperfekt hallt der Ruf des leidgeprüften Vaters weiter.[11] (Der Tempuswechsel Perfekt — Imperfekt lässt sich kaum anderswo von der Aussageabsicht her so sinnfällig machen wie hier; keine Übersetzung kann das Original, das Zusammenwirken von Form und Inhalt, hier angemessen erfassen.) Der Name Ikarus ist durch die dreimalige Nennung in den Raum gestellt, in dem sich die Metamorphose vollzieht: die Verwandlung

---

[10] Griechische Mythen. dtv großdruck 2521. — München 1979, 51.
Für HELMUT OFFERMANN, a. O., 19, Anm. 1, eignet sich Icarus als „ein vielleicht 10-jähriger Junge" nicht dazu, als „Beispiel für bestrafte Maßlosigkeit" verwendet zu werden. Eher ist die Geschichte ein Exemplum für maßlos strafende Götter, wobei Dädalus der Bestrafte wäre. Doch so einfach lässt sich wohl die Schuldfrage, die sich bezüglich der Katastrophe stellt, nicht beantworten. Das hängt mit dem Problem des Alters von Ikarus und der Bedeutung der Vorgeschichte des Geschehens in Athen zusammen. Vgl. dazu Verfasser: Lateinunterricht Bd. 3, 196 ff., und HENNEBÖHL, R.: Ovids Dädalus und Ikarus. Der Vater-Sohn-Konflikt im Zeitraffer. a. O. 293–302.

[11] FRANZ BÖHMER (P. Ovidius Naso. Metamorphosen VIII–IX. — Heidelberg 1977, zu v. 223, S. 81) lässt als Bedeutung des Imperfekts *dicebat* nur gelten: „er wollte rufen" oder „er rief gerade". Diese Deutung scheint uns nicht genügend; sicherlich ist hier im Imperfekt das umstandsbeschreibende, durative Moment (als „Hintergrundstempus") wirksam, aber der abrupte Wechsel vom Perfekt zum Imperfekt und die nachfolgend beschriebene Situation legen es nahe, dass im Imperfekt auch das fast nie endende Wiederholen des väterlichen Rufens gespürt werden soll. „‚Ikarus', rief er, und er rief es immer wieder." Der Ruf hallt nach. Vgl. dazu auch M. v. ALBRECHT: Consilia — Lehrerkommentare, 47. Interpretationen und Unterrichtsvorschläge zu Ovids Metamorphosen. — Göttingen 1984, 84.

des Ikarus in die Ikarische See und in die Insel Ikaria. Der von Meer und Erde zum Himmel hinaufstrebende Mensch wird gestürzt und in eben diese Elemente zurückgebannt. „Metamorphosis as punishment" (D. D. CHAPIN)[12], hier als Strafe für das Überschreiten des Maßes.[13] Dädalus hat seinen Sohn verloren. Er hat das Gute gewollt und das Übel gezeugt; und dieses trifft ihn so sehr, dass er sein Werk ungeschehen wünscht, dass er seine Künste verflucht (*devovit suas artes,* v. 234). In dieser Konstellation, und nur in dieser, liegt das Tragische seines Schicksals. Dicht neben dem glücklichen Erfolg liegt beim technischen Werk die Tragödie.

So schauen wir in diesem kleinen Mythos von Dädalus und Ikarus die ganze heute Wirklichkeit gewordene Doppelwertigkeit des Phänomens der Technik gleichsam in nuce: ihren Sinn und Unsinn, ihre Größe und Gefahr, ihr Glück und Unglück, ihren Segen und Fluch, ihre Faszination und Dämonie, ihre Möglichkeit, den Menschen zu erhöhen, gottähnlich zu machen, und ihn zum Frevler, Gottverlorenen werden zu lassen. Unter dieser Spannung steht der Mensch (deshalb die dialektische Anlage des Tafelbildes 2, s. u. 43); gerade der Heranwachsende lernt, sie nur allmählich zu ertragen. Sein Reifen bedarf der Orientierung an festen Verhaltensregeln, an Normen und Werten, deren Verbindlichkeit er akzeptieren kann und muß. Solches ist die Kernaussage in diesem Mythos von Dädalus und Ikarus, die ihm innewohnende Wahrheit, die das äußere Geschehen trägt und die sich — freilich in ungeheuer größeren Dimensionen und weiteren Perspektiven — gerade in unserer Zeit bestätigt, keine historische Wahrheit, sondern eine ethische, vielleicht auch eine philosophische.

Eine solche Wahrheit liegt jedem Mythos zugrunde, ob sich der gestaltende Dichter ihrer bewusst ist oder nicht. Sie lässt sich — mit ALBERT VON SCHIRNDING[14] — auch als die „Weisheit des mythischen Bildes" verstehen. ERICH FROMM spricht von der „Weisheit vergangener Zeiten", die im Mythos liege.[15]

---

[12] Metamorphosis as punishment and reward. Pagan and Christian perspectives. Diss., Anm. Arbor/Mich. 1971, 28 f.

[13] KARIN GERUM (Die Sage von Daedalus und Icarus als Einführung in die römische Dichterlektüre, Ovid, Met. 8, 183–235. — Lektüreunterricht in der 10. Jahrgangsstufe. Unveröffentlichte Seminararbeit, erarbeitet am Friedrich-Koenig-Gymnasium Würzburg 1976/78, 25 ff.) hat dies überzeugend dargestellt. Vgl. dazu neuerdings auch Luck-HUYSE, K.: Der Traum vom Fliegen in der Antike. Diss. Stuttgart 1997, 40–72 (hier wird größtenteils meine Deutung der Geschichte bestätigt).

[14] Die Weisheit der Bilder. Erfahrungen mit dem griechischen Mythos. — München 1979, bes. 7 ff. — Man kann diese „Wahrheit" des Mythos mit JOACHIM KLOWSKI (Dialektik von Mythos und Logos. — Frankfurt 1980, 17) auch als „innere Realität" bezeichnen. Mythen seien nicht wirklichkeitsfern; „man könnte eher das Gegenteil behaupten, da die menschlichen Grundprobleme zum ‚Wirklichsten' gehören, dem wir Menschen begegnen".

[15] Märchen, Mythen, Träume. — Berlin/Darmstadt/Wien 1980, 148; FROMM spricht auch von der „religiösen und philosophischen Bedeutung des Mythos" (147).

Tafelbild 2

Ikarus' Schicksal — Problematik der technischen Leistung?

Ausgangs-	Rettung — Glück	Gefährdung — Katastrophe	End-
situation:	grandiose Leistung	schädliche Künste	situation:
Not	bestaunenswerte Tat	Befriedigung d. Leidenschaft	Leid und
	göttergleich	gottfern	Trauer
	Segen	Fluch	

Forderung an den Menschen:
Orientierung an Regeln, Normen
Verantwortungsbewusstsein
Reife, Mündigkeit

1.5 *Hinweise zum Aufbau der Episode*

a) Die innere Einheit der Episode

Die inhaltliche Interpretation erhält ihre Begründung auch aus der Komposition. Einige wesentliche Gesichtspunkte lassen sich folgendermaßen herausarbeiten (vgl. Tafelbild 3, s. u. S. 45).

Die Versfolge 183–235 lässt sich vom dargestellten Geschehensablauf her merklich in vier Abschnitte gliedern:

1. Abschnitt 183–187: Entschluss zur Handlung, nämlich Flucht durch die Lüfte
2. Abschnitt 188–211: Vorbereitung der Handlung — Bau der Flügel
3. Abschnitt 212–230: Ausführung der Handlung — Flug und Absturz
4. Abschnitt 230–235: Einsicht in das Misslingen der Handlung — Fluch des Dädalus auf die Künste

Die Handlung ist linear angelegt; Vorgänge im Hintergrund, Begleitumstände bleiben ausgespart. Von Anfang an drängt alles auf den Höhepunkt, die Katastrophe, zu. Ist die Handlung also auf Spannung angelegt? Das Misslingen, das in den letzten fünf Versen die Reaktion des Dädalus auch gefühlsmäßig fassbar macht, wird vorausgehend an drei markanten Stellen avisiert:

v. 196 Ikarus weiß nicht, dass er „an dem, was ihm Gefahr bringt" (*sua pericula*) rührt.

v. 211 f. Dädalus gibt seinem Sohn „Küsse, die er nicht mehr wiederholen sollte" (*oscula non iterum repetenda*).

v. 215 Dädalus lehrt seinen Sohn „Verderben bringende Künste" (*damnosas artes*).

Mit steigender Intensität deutet der Dichter an, was am Ende eintritt. Er verweist vorher auf das Ende. Die Handlung verliert durch diese Vorausdeutung zu einem guten Teil an dramatischer Spannung. Es kommt offensichtlich nicht so sehr darauf an, „was" vor sich geht, sondern „wie" es vor sich geht. Ein episches Element wird hier in der Komposition sichtbar („epische Vorausdeutungen" oder „Vorverweise").[16]

Das lässt sich noch stärker fassen:

In dieser Komposition ist die Erzählhaltung und der Erzählvorgang auseinander genommen. Es besteht ein merkbarer Gegensatz, eine Spannung zwischen dem, was der Dichter als schlimmen Ausgang des Geschehens andeutet, und dem, was der handelnde Mensch um eines guten Gelingens willen unternimmt.[17] Das Reizvolle für den Leser besteht auch darin zu erleben, wie sich diese Spannung allmählich löst; erst am Ende im Fluch des Vaters auf seine Künste ist sie aufgehoben: Das Wissen des Erzählers und das Wissen des Handelnden fallen in eins zusammen. Von diesem Punkte aus, also vom Ende her, wird nochmals spürbar gemacht, wie sich das ganze Geschehen um das Leitmotiv der *artes* gruppiert. Die erzählenden Feststellungen des Dichters über die *artes* stehen an den wichtigsten Baustellen der Episode, in etwa am Anfang, in der Mitte und am Ende:

v. 188 *ignotas animum dimittit in artes*
v. 214 *damnosasque erudit artes*
v. 234 *devovitque suas artes*

An diesen Stellen liegen auch die emotionalen Höhepunkte der Erzählung:

1. St.: das Neue, Revolutionierende der Künste
— die Sehnsucht nach Befreiung aus der Not der Verbannung
2. St.: die Gefährlichkeit der Künste
— die Angst um die Folgen ihrer Anwendung
3. St.: der Fluch auf die Künste
— das Leid und die Trauer nach der Katastrophe

Arbeitet man dies heraus, dann wird auch dem Schüler die kompositionelle Geschlossenheit der Episode einsichtig; sie erscheint ihm als eine episch-dramatische Einheit, fast als ein Epos im Kleinen, als Epyllion.

b) Dichterische Aussage auch durch die Komposition

Der Aufbau der Episode macht aber auch auf anderes nachdrücklich aufmerksam: Der Handlungsablauf ist, wie gesagt, linear angelegt, die Erzählung beschreibt das, was die Akteure tun; die Perspektive ist die des Dädalus und Ikarus. Mit einer Ausnahme: der Bildschnitt, der Perspektiven-Wechsel 217–220. Unmittelbar nach dem intensivsten epischen Vorverweis v. 215, also dort, wo die Schädlichkeit, die Gefährlichkeit der Fähigkeit des Fliegens apostrophiert wird (*damnosae artes*!), wird eine andere Sichtweise eingeschnitten (ähnlich der modernen Filmtechnik): Unbeteiligte Menschen, der Angler, der Hirte, der Bauer reagieren auf das, was ihnen durch die *artes* vorgeführt wird. Man sollte diesen „Bildschnitt" unbedingt die Schüler ihrer eigenen Vorstellung entspre-

---

[16] Wichtig dazu von ALBRECHT, M.: Römische Poesie, Texte und Interpretationen. — Heidelberg 1977, 76: „So ist die Anteilnahme am Los des Ikarus innerhalb der Erzählung nach vorn verlagert; dadurch tritt das Interesse am Schicksalsverlauf stärker hervor als das rein Psychologische und als die äußere Dramatik."

[17] Dies ist durchaus der Aspekt einer „tragischen Ironie", der hier zum Tragen kommt; vgl. dazu v. ALBRECHT, Römische Poesie, 76.

chend zeichnen lassen, damit in ihnen auch ein gefühlsmäßiges Erleben der Situation angebahnt wird (s. die Schülerzeichnung im Textband S. 41, die als Folie zum Bruegel-Bild, s. u. S. 55f. dient).

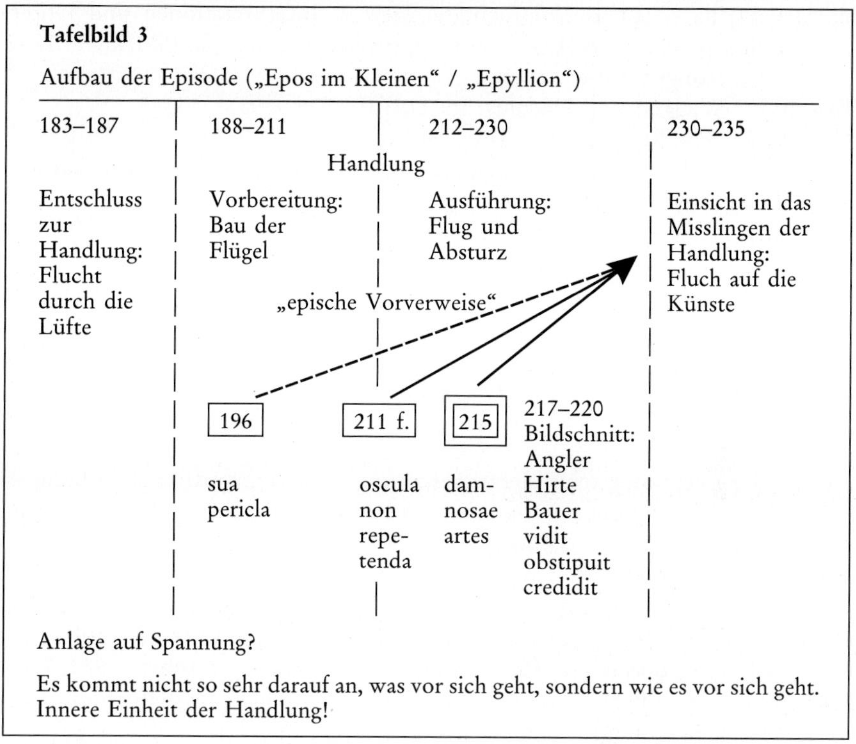

Die Reaktion der Zuschauer erfolgt in einer Klimax: *vidit, obstipuit, credidit* (v. 219 f.) — sehen, staunen, glauben. Solche Fähigkeiten des Fliegens können nur Götter besitzen. Gefährlichkeit und Göttlichkeit der *artes*: ein harter Kontrast. Der Dichter hat ihn bewusst in den Aufbau gebracht. Hier wird in der kleinen Szene nicht nur „das Sensationelle des Geschehens in den Augen der Zuschauer gespiegelt“, wie Brigitte Hebel meint[19]; die ins Auge springende Diskrepanz zwischen den beiden Benennungen *damnosae artes — deos esse* macht die Doppelwertigkeit des Vorgangs übermächtig spürbar. Wir fragen uns, ob nicht auch darin ein Stück der dichterischen Aussage steckt. Wir müssen darauf nochmals zu sprechen kommen. Zunächst so viel: Die Wahrheit des Mythos ist nicht allein in dem zu suchen, was gesagt, was in Bildern ausgedrückt ist, sondern auch darin, wie diese Aussagen und Bilder zueinander gestellt sind.

Die Wahrheit liegt auch in der Komposition verborgen. Diese Komposition gilt es vor allem im Auge zu behalten, wenn wir die Wirkungsgeschichte in den Unterricht mit einbringen wollen (vgl. vorausgehendes Tafelbild).

[19] Vidit et obstipuit. Ein Interpretationsversuch zu Daedalus und Icarus in Text und Bild. In: Der altsprachliche Unterricht XV 1 (1972), 92.

1.6 *Weiterführende Literatur*

v. Albrecht, M.: Römische Poesie, Texte und Interpretationen. — Heidelberg 1977, 73–79.

ders.: Consilia — Lehrerkommentare, Heft 7. Interpretationen und Unterrichtsvorschläge zu Ovids „Metamorphosen", hg. von Glücklich, H.-J. — Göttingen 1984, 79–85.

Bayer, D.: Wieland und Dädalus. In: DASIU 30.1 (1983), 14–25.

Gerum, K.: Die Sage von Daedalus und Icarus als Einführung in die lateinische Dichterlektüre, Ovid, Met. 183–235. Seminararbeit am Friedrich-König-Gymnasium Würzburg 1976/78.

Hebel, B.: Vidit et obstipuit — Ein Interpretationsversuch zu Daedalus und Icarus in Text und Bild. In: AU XV 1 (1972), 87–110.

Hebert, B.: Ovid und die bildende Kunst: Vorschläge zum Ikarus-Thema. In: IANUS 12 (1991), 19–23.

Henneböhl, R.: Ovids Dädalus und Ikarus. Der Vater-Sohn-Konflikt im Zeitraffer. In: Anregung 40 (1994), 293–302.

Luck-Huyse, K.: Der Traum vom Fliegen in der Antike. Diss. Stuttgart 1997, bes. 40–72.

Maier, F.: Technologische Herausforderung und Humanistische Bildung — Zum Bildungsauftrag des Gymnasiums. — Bamberg 1986. Auch in: Antike aktuell. — Bamberg 1995, 9–23.

ders.: Die Wahrheit im Mythos von Dädalus und Ikarus. Ein Deutungsversuch von Ovid, Metamorphosen VIII 183–235. In: Anregung 13 (1967), 391 ff.

ders.: Ovid: Dädalus und Ikarus. Die Wirkung eines antiken Mythologems. Metamorphosen VIII 183–235. In: AUXILIA 2. — Bamberg 1981, 5–46.

ders.: Ikarus — ein Symbol für Träume des Menschen. In: Lateinunterricht zwischen Tradition und Fortschritt, Bd. 3, 194–216.

Mommsen, P.: Philosophische Propädeutik an den „Metamorphosen" des Ovid. In: AU XXVIII 1 (1985), 27–41.

Nickel, R.: Diogenes oder Dädalus? Zum Wertbegriff des einfachen Lebens. In: Ethikunterricht-Materialien, hg. von Akademie für Lehrerfortbildung in Dillingen 1992, 26–49.

Offermann, H.: Einfach eine schöne Geschichte: Ovids Erzählung von Daedalus und Icarus (Met. VIII 183 ff.). In: DASIU 2/94, 11–24.

Petersen, O./ Weiss, H.: Ovids Einsatz mythologischer Stoffe. Ein Vergleich ausgewählter Mythen in „Metamorphosen" und Ars amatoria. In: AU XXVIII 1 (1985), 42–51.

Röttgen, H.: Daedalus und Icarus — zwischen Kunst und Technik, Mythos und Seele. In: Zeitschrift des Ulmener Vereins für Kunstwissenschaft 12 (1984), Heft 2, 5–35, und Heft 3, 5–26.

Sonderreger, E.: Die Flügel des Ikarus (zu Ovid). In: Gymn. 93 (1986), 520–532.

Wenzel, M.: Transfer in die Wirklichkeit. In: Anregung 3 (1994), 168–175.

2. Exkurs in die Rezeptionsgeschichte

Ikarus — „Fürst der abendländischen Mythologie" und Europas Symbol für die Gefährdung der Menschheit[1]

Niemand käme wohl von sich aus auf den Gedanken, dass in dem nachfolgend vorgestellten Bild die Antike präsent ist. Wer vermutet schon, dass sich in diesem bizarren Gemälde der Moderne eine markante mythische Figur Griechenlands offenbaren soll?

Da ist eine lehmig-schmutzige Fläche, in die ein Pfahl mit einer zerborstenen Kugel daran fest eingerammt ist; ein ödes, abstoßendes Szenario, in dem nichts, kein Attribut, kein Zeichen, kein Ding auf seine uralte Herkunft verweist. Nur der Titel, den der Künstler seinem Bild gegeben hat, verrät die Präsenz der Antike: Ikarus. So hat es der Amerikaner ARMSTRONG 1982 benannt, damit dem nachsinnenden Betrachter die Richtung für die Dechiffrierung der Bildaussage angebend. In diesem Bild steckt eine Erfahrung von prognostischem Wert. Es deutet auf Kommendes hin, das düster, ja gespenstisch ist. Nicht Ruhe oder gar Frieden gehen davon aus; es ist die Angst, die einen umso stärker überkommt, je länger man darauf schaut. Eindrücke von jungen Menschen bei der ersten Betrachtung des Bildes: Zerstörung, Absturz, Scherbenhaufen, eine aus den Fugen geratene Welt, das trostlose Danach, Aussichtslosigkeit, absolute Kälte, das Ende von etwas, die alte Welt vernichtet (vielleicht ein Aufbrechen zu Neuem?). So viel ist sicher: In diesem Bild tritt uns die universale Destruktion entgegen. Chaos und Katastrophe sind in eine apokalyptische Vision gefasst. Wie lässt sich ein solches Sujet mit dem antiken Vor- und Erstbild des Mythos zusammenbringen? Gibt es da überhaupt Gemeinsames? Oder anders gefragt: Welche Aussageelemente, welche innere Konstellation des antiken Mythos machten es möglich, dass sich vor über zweieinhalb Jahrtausenden eine Entwicklung anbahnen konnte, die offensichtlich in der besonderen oder sonderbaren Ausprägung, wie sie uns hier vor Augen steht, ihren Höhepunkt gefunden hat? Versuchen wir für dieses Rätsel, das sich hier stellt, eine Lösung zu finden!

[1] Vgl. dazu auch Verfasser: Ikarus — Europas Symbol für die Gefährdung von Mensch und Welt. In: Antike aktuell. — Bamberg 1995, 119 ff.

Der Mythos von Ikarus und seinem Vater Dädalus ist von den Griechen geschaffen worden. Es scheint dafür, wie die Überlieferung zeigt, im alten Griechenland eine geläufige Fassung gegeben zu haben, die wahrscheinlich als Kurz- und als Langfassung erzählt wurde. Die Kurzfassung liegt etwa in einem Text des griechischen Historikers **Xenophon** (5./4. Jh. v. Chr.) vor; da fragt jemand in einem Gespräch: „Hast du von Dädalus gehört, dass er von Minos, dem König von Kreta, gefangen gehalten, wegen seiner Klugheit in seine Dienste gezwungen und so der Heimat und zugleich der Freiheit beraubt wurde und dass er, da er mit seinem Sohn von der Insel zu fliehen versuchte, dabei sein Kind verlor und sich auch selbst nicht retten konnte, sondern zu den Barbaren verschlagen wurde und dort wiederum Sklavendienste leisten musste."

Die Erzählung ist hier auf die Minimalfabel verkürzt. Sie enthält nur die nüchternen Fakten von Gefangenschaft, Flucht, Verlust des Sohnes und wiederum Gefangenschaft.

Etwas detaillierter, auch um einige Nuancen reicher, ist die Fassung in der sog. **Bibliothek des Apollodorus,** einem mythologischen Handbuch in griechischer Sprache, das aus dem 1. Jh. n. Chr. stammt. Der Text lautet hier:

„Minos hatte Dädalus zusammen mit seinem Sohn im Labyrinth eingesperrt; der aber fertigte Flügel an für sich und seinen Sohn. Er gab diesem beim Abflug die Ermahnung, er solle weder in die Höhe fliegen, damit der Leim nicht unter der Stärke der Sonnenhitze schmelze und die Flügel sich auflösten, noch solle er nahe an das Meer fliegen, damit sich die Flügel nicht durch die Nässe lösten. Ikarus aber missachtete die Mahnungen des Vaters und ließ sich, von einem inneren Drang geleitet, immer höher tragen. Als der Leim schmolz, stürzte er in das nach ihm benannte Ikarische Meer und starb."

Hier sind auch Motive, das Zusammenwirken von Grund und Folge angedeutet; der Blick geht ein wenig schon in das Innere der Gestalten. Des Vaters Mahnungen haben, die Vermutung drängt sich auf, ihren Grund in der Angst um den Verlust des Sohnes; Ikarus' Missachtung der Warnungen ist mit seinem inneren Trieb, seiner Lust am Fliegen (ψυχαγωγούμενος) motiviert.

Natürlich gilt hier der Vorbehalt, daß man in diesem – wiewohl griechischen – Text des 1. Jh.s. nicht unbedingt eine vorovidianische, also ursprünglich griechische Fassung des Mythos erkennen muss; es können darin auch spätere Elemente der Mythosgestaltung aufgenommen sein.

Die griechische Langfassung des Mythos aber wird uns nur noch indirekt zugänglich, z. B. im lateinischen mythologischen Lexikon des **Hygin,** das im 2. Jh. n. Chr. geschrieben worden ist. Zwei Stellen daraus lauten so:

1. Stelle: „Dädalus, der Sohn des Eupalamus, der von Athene die Handwerkskunst erhalten haben soll, hat den Perdix, den Sohn seiner Schwester, aus Neid auf seine Kunstfertigkeit, weil er zuerst die Säge erfunden hatte, vom Giebel des Daches hinabgestürzt. Wegen dieses Verbrechens musste er aus Athen nach Kreta zum König Minos in die Verbannung gehen."

2. Stelle: „Pasiphaë, Tochter des Helios und Gemahlin des Minos, hatte die Opfer für die Göttin Aphrodite (Venus) mehrere Jahre nicht dargebracht. Deswegen gab ihr Aphrodite ein abscheuliches Liebesverlangen ein, nämlich dass den Stier, den sie selbst liebte, auch noch eine andere, nämlich Pasiphaë, liebte. Zu diesem Zweck erbat sie, als Dädalus in die Verbannung gekommen war, von ihm Hilfe. Der baute ihr eine Kuh aus Holz und hüllte sie in die Haut einer echten Kuh, in der sich jene mit dem Stier verband. Aus dieser Verbindung gebar sie den Minotaurus, eine Gestalt mit einem Stierkopf und mit dem unteren Teil eines Menschen. Dann erbaute Dädalus für den Minotaurus das Labyrinth mit einem unauffindbaren Ausgang, in welchem er eingesperrt wurde. Als Minos von der Sache erfuhr, warf er Dädalus ins Gefängnis; doch Pasiphaë befreite ihn aus der Gefangenschaft. Deshalb machte er für sich und seinen Sohn Flügel aus Federn und legte sie sich und ihm an; daraufhin flogen sie fort. Ikarus, der zu hoch flog, stürzte, da das Wachs von der Sonne weich wurde, in das Meer, das nach ihm das Ikarische Meer genannt wurde. Dädalus flog weiter zu König Kokalus auf die Insel Sizilien. Andere berichten: Als Theseus den Minotaurus getötet hatte, nahm er Dädalus mit sich in seine Heimat zurück."

Bei Hygin ist ein linearer Erzählstrang gegeben, in dem das Geschehen in eine logisch und zeitlich konsequente Abfolge gebracht ist: Die Erzählfolge ist Mord — Verbannung — Unterstützung der Pasiphaë — Bestrafung durch Minos — Befreiung — Flucht mit Ikarus — zu hoher Flug des Sohnes — Sturz ins Meer — Weiterflug des Vaters. Alles bleibt hier auf die Gestalt des Dädalus bezogen, Ikarus ist Nebenfigur, Begleitobjekt des Handelnden.

In Andeutung wird das Handeln des Protagonisten moralisch bewertet. Dädalus erscheint wegen des Mordes an seinem Neffen als Verbrecher, in diesem trüben Licht bleibt sein Verhalten auch während seiner Verbannung auf Kreta. So erscheint der Tod seines Sohnes bei der von ihm durch den Flügelbau ermöglichten Flucht am Ende, wie auch andere dünne griechische Quellen vermuten lassen, als eine Sühne seiner Schuld.

HYGIN					
Dädalus im Exil auf Kreta wegen Mord an Perdix: Künstlerneid →	Ermöglicht Zeugung des Minotaurus, baut für ihn das Labyrinth →	Wird von Minos dafür eingesperrt, von Pasiphaë befreit →	Flieht mit Ikarus durch selbstgebaute Flügel →	Ikarus stürzt, da zu hoch fliegend, ins Meer, das nach ihm benannt wird →	Dädalus kommt nach Syrakus oder mit Theseus nach Athen →

——— LINEARER ERZÄHLSTRANG ———▶

in logisch konsequenter Abfolge

Mord → Verbannung → Unterstützung der Pasiphaë → Bestrafung durch Minos; Befreiung → Flucht mit Ikarus → zu hoher Flug → Sturz ins Meer

Der griechische Mythos kennt aber offensichtlich keine tragischen Züge in der Geschichte von Dädalus und Ikarus. Diese treten erst in der Bearbeitung des Mythos durch den Römer Ovid auf. Der wohl genialste römische Dichter baute die Geschichte von Vater und Sohn in sein episches Großwerk der „Metamorphosen“ ein und passte sie der hier vorherrschenden psychologischen Durchdringung des Mythos an. Die Geschichte bekam bei Ovid gewissermaßen einen humanen Tiefgang. Seine Fassung lautet:

Dem Dädalus war unterdessen Kreta und die lange Verbannung unerträglich geworden. Er sehnte sich nach seinem Vaterland zurück, aber Meer umgab ihn. „Mag immerhin Minos“, sprach er endlich, „mir Wasser und Land versperren, der Himmel bleibt mir doch offen. Dort finden wir unseren Weg. Denn besäße er auch alles, die Luft besitzt Minos nicht.“
Nach diesen Worten versenkt er sich tief in verborgene Künste und ersinnt etwas ganz Neues. Denn er legt Federn dergestalt in Reihen, dass, mit der kleinsten beginnend, der langen eine kürzere das Geleit gibt, so dass man meinen könnte, sie seien auf einer Schräge gewachsen. Ebenso entstand einst die ländliche Hirtenflöte aus Rohren von zunehmender Länge. Darauf verbindet er die Schwungfedern in der Mitte mit Faden, am Ende aber mit Wachs, und nachdem er sie so befestigt hat, gibt er ihnen eine sanfte Krümmung, so dass sie wirklichen Vogelflügeln gleichen. Der kleine Ikarus stand dabei, ahnte nicht, dass er mit Dingen spielte, die ihm gefährlich werden sollten, strahlte vor Freude und haschte bald nach Federn, die ein zufälliger Luftzug fortgeweht hatte, bald drückte er den Daumen in das gelbe Wachs und störte durch sein Spiel den Vater bei seinem Wunderwerk. Endlich, als an die Erfindung letzte Hand gelegt ist, erhebt erst ihr Schöpfer sich mit beiden Schwingen zugleich und hält sich mit Flügelschlägen in der Luft. Darauf unterweist er auch seinen Sohn und spricht: „Halte dich ja auf mittlerer Bahn, mein Ikarus! Ich warne dich! Lass dich weder zu tief herab, damit kein Wasser dein Gefieder beschwert, noch erhebe dich zu hoch, dass die Sonne es nicht versengt. Flieg zwischen beiden dahin. Auch brauchst du nicht nach dem Bootes oder dem Großen Bären oder nach Orions gezücktem Schwert zu spähen; richte dich nur nach mir!“
Zugleich lehrt er ihn fliegen und befestigt die ungewohnten Flügel an seinen Schultern. Während er das tat und Ikarus warnte, rannen Tränen über die Wangen des Alten, und seine Vaterhände zitterten. Er küsst — zum letzten Mal — seinen Sohn, erhebt sich auf seinen Schwingen, fliegt voran und sorgt sich um seinen Begleiter, gleich dem Vogel, der seine zarte Brut zum ersten Mal aus dem hohen Nest in die Luft führt, mahnt ihn, zu folgen, lehrt in die Kunst, die ihm zum Verhängnis werden sollte, regt die eigenen Schwingen und achtet auf die seines Sohnes.
Mancher, der mit schwankender Angelrute fischte, mancher Hirte, der sich auf seinen Stab, manch ein Bauer, der sich auf den Pflug stützte, erblickte die beiden, staunte und hielt sie für Götter, da sie die hohe Luft durchqueren konnten.
Schon lag ihnen zur Linken Samos, die heilige Insel der Juno, samt Delos und Paros, und zur Rechten Lebinthos und das honigreiche Kalymne. Da machte dem Knaben der kühne Flug allmählich Freude: er verließ seinen Führer und schlug, voll Verlangen nach dem Himmel, eine höhere Bahn ein. Die Nähe der glühenden Sonne erweichte das duftende Wachs, das die Federn zusammenhielt. Schon war das Wachs geschmolzen, und Ikarus

schwingt die bloßen Arme. Da er keine Flügel mehr hat, kann er die Luft nicht mehr fassen, und während sein Mund noch den Namen des Vaters ruft, verschlingt ihn die blaue Flut, die von ihm den Namen erhielt. „Ikarus!", ruft der unglückliche Vater, der schon kein Vater mehr ist. „Ikarus!", ruft er, „wo bist du? In welcher Gegend soll ich dich suchen? — Ikarus!", wollte er rufen, da erblickte er auf den Wellen die Federn. Er verwünschte seine Erfindung und barg den Toten im Grab — und auch das Land ist nach dem benannt, der dort bestattet ist.

(Übersetzung: Gerhard Fink)

Ovid hat das Geschehen auf die beiden Gestalten Dädalus und Ikarus konzentriert (Pasiphaë spielt keine, Minos keine bestimmende Rolle); die Handlung ist in einen Spannungsbogen gebracht, der einen tragischen Verlauf anzeigt: Entschluss zur Flucht aus Kreta mit Hilfe von unbekannten Künsten (*ignotas artes*) — Bau der Flügel als Erneuerung der Natur (*naturam novare*) — Aufbruch in den Äther unter dem Staunen der einfachen Menschen (*. . . credidit esse deos*) — plötzliches Ausbrechen des Sohnes (*cum coepit gaudere volatu / cupidine caeli tractus*) — Absturz des Sohnes (*ora excipiuntur aqua*) — Verfluchung der Künste durch den Vater (*devovit suas artes*).

Man kann in diesem Aufbau geradezu die Elemente einer Tragödie erkennen: **Exposition — erregendes Moment** mit Schürzen des tragischen Knotens — **Entwicklung des Konflikts** bei steigender Handlung — **Peripetie** durch Fehlverhalten einer/der Hauptfigur — **Katastrophe — Epilog.**

OVID					
Exposition	**Erregendes Moment** mit Schürzung des Knotens	**Entwicklung des Konfliktes** bei steigender Handlung	**Peripetie** durch Fehlverhalten des Menschen	**Katastrophe**	**Epilog**
Entschluss zur Flucht aus Kreta mit Hilfe von unbekannten Künsten *ignotae artes*	Bau der Flügel „Erneuerung der Natur" *naturam novare* Fluggebot an Ikarus	Aufbruch in den Äther unter Staunen der Menschen *. . . credidit esse deos*	Plötzliches Ausbrechen des Ikarus *cum . . . coepit gaudere volatu altius egit iter*	*Absturz des Sohnes ora excipiuntur aqua*	Vater verflucht seine Künste *devovit suas artes*

DRAMATISCHE GESTALTUNG

Wir erkennen: Die Geschichte von Dädalus und Ikarus hat in dieser tragischen Fassung offensichtlich eine existentiell-ethische Dimension. Was ist hier nun zum Kern des Mythos gemacht und wie konnte dieser von da aus mit der

Zeit eine Verwandlung erfahren, die ihm zeitlose Gültigkeit zukommen ließ? In Kreta, dort, wo die Wiege der europäischen Kultur gestanden haben soll, geschah eine Tat, die man auch in jenen Zeiten schon als revolutionär empfunden hat — in der Fiktion des Mythos. Menschen besiegen die Schwerkraft der Erde und fliegen, den Vögeln gleich, durch den Äther. Eine Not zwang sozusagen Dädalus, den „Kunstsinnigen“ — im Griechischen τεχνίτης, im Lateinischen *artifex* genannt —, dazu, die ihm gegebene „technische“ Fähigkeit für etwas bis dahin noch nie Dagewesenes einzusetzen. Da er mit seinem Sohn von König Minos auf der Insel gefangen gehalten wurde, ihm Land- und Meerweg versperrt waren, versuchte er es durch die Luft — dort lag die einzige Chance, aus dem Gefängnis zu fliehen und in die ersehnte Heimat zurückzukommen. Dädalus konzentrierte sich auf ein „unbekanntes Vermögen“: *ignotae artes* (unbekannte Künste); hier liegt eine Art von Ennallage vor: Künste, die sich einem bislang dem menschlichen Streben noch unzugänglichen, demnach unbekannten Bereich zuwenden; auf diesem Gebiet hatte sich vorher noch kein Mensch mit seinem technischen Geschick versucht. Offenbar lag dies nicht in dem ihm von der Natur vorgegebenen Entfaltungsspielraum. Ovid nennt dieses Unterfangen deshalb *naturam novare*: „Die Natur erneuern“, d. h. etwas Neues, Unerhörtes mit seiner Natur machen, die Gesetze der Natur bei sich gewissermaßen revolutionieren (für antike Ohren hat das Wort *novus / res novae* diesen Klang von Revolution). Das ist in der Tat eine Leistung, die als bestaunenswert, wundervoll, sensationell angesehen werden musste, als ein *mirabile opus*, das den, der es machte, den „Macher“, den „Meister“ (*opifex*), über menschliches Maß hinausgehoben hat, und mit ihm auch den, der an dem technischen Machwerk teilhaben durfte, den Nutznießer.
Als beide, Dädalus und Ikarus, nach dem Verfertigen und Anlegen der Flügel sich in die Luft erhoben und ihre Bahn nach Norden — Richtung Athen — zogen, gerieten sie — in einem abrupten „Filmschnitt“ von unten nach oben — in den Blickkreis der Menschen auf dem Boden, die ihren einfachen, natürlichen Arbeiten nachgingen, des Bauern, des Anglers, des Hirten. Wie reagierte der naive Mensch im Anblick des Ungewohnten, Unbekannten und Unerhörten? *Vidit et obstipuit, quique aethera carpere possent, credidit esse deos*: Sie sehen, staunen, glauben, dass Götter es seien, die durch den Äther ihre Bahn ziehen können. Gottähnlichkeit vermutete man also bei dem, der die Gesetze der Natur außer Kraft zu setzen scheint. Dicht neben dem Staunen liegt jedoch der Schauder, die ängstliche Spannung, nicht so sehr bei den Betrachtern, sondern bei den Akteuren. Vater Dädalus zittert, als er dem Sohn die Flügel anlegt, seine Wangen befeuchten sich mit Angstschweiß oder mit Tränen, weil er das Gefährliche des Abenteuers ahnt. Ovid baut das dafür treffende Wort in den Kontext: *pericula*. Dädalus gibt dem Sohn Fluginstruktionen (*instruit, praecepta volandi*), mit Nachdruck: *Medio ut limite curras, Icare, moneo.* Er solle ja die mittlere Bahn einhalten, nicht zu tief fliegen, weil dort das Wasser, nicht zu hoch, weil dort die Sonne droht. Fast in der Mitte des Textes steht eine Warnung, ein pointiertes *ut ..., moneo, ne ...* Er soll, um nicht zu scheitern, die mittlere Bahn einhalten, die Mitte zwischen oben und unten. In einem Raum, der nicht dem Menschen zusteht, sollte man sich zurückhalten, das rechte Maß bewahren. Doch damit bahnt sich der Konflikt an in der Seele des jungen Mannes. Ikarus, der für Vernunftgründe mangels Reife kaum zugänglich

ist, hält sich nicht an das Gebot des Vaters, er sieht nicht die Gefahr, sondern nur die Chance zum Spiel, zur Lust, zur Freiheit. Er beginnt, als sie schon eine weite Strecke zur Heimat hin geflogen sind, plötzlich — in einem dramatischen *cum*-inversivum ausgedrückt — am Flug sich zu freuen (*cum puer audaci coepit gaudere volatu*) und, von der Leidenschaft zum Himmel gezogen, als sei er in einen Sog geraten (*cupidine caeli tractus*), verlässt er den Führer und fliegt der Sonne entgegen und stürzt, durch die Hitze seiner Flügel beraubt, ab, ins Meer. Das Abenteuer führt in die Katastrophe, es endet tragisch. Nur zeichenhaft angedeutet: *pennas adspexit in undis*. Dädalus, der sich aus der Not der Gefangenschaft befreien, sich glücklich machen will, erfährt durch sein Können schlimmes Leid: er verliert seinen Sohn. Seine „Kunst", die vom Erzähler als „schädlich" apostrophiert wird (*damnosae artes*), verflucht der Meister am Ende: *devovit suas artes.*

Dädalus trifft — wie uns die griechische Vorlage vermuten lässt — die Strafe einer höheren Gerechtigkeit. Weil er seinen Neffen Perdix aus Neid auf dessen womöglich größeres technisches Geschick getötet hat, tötet er den eigenen Sohn durch die Möglichkeit, die ihm eben diese τέχνη gibt. Die Schuld, das Versagen, die Fehlhaltung liegt im antik-griechischen Mythos vordergründig beim jungen Menschen, der in seinem Ungestüm, im Rausch seiner Leidenschaft (ψυχαγωγούμενος), die Folgen seines Tuns nicht bedenkt und dem Vater nicht gehorcht; hintergründig lastet die Schuld aber auf dem Vater, sie liegt in seiner Person, ist dem Wesen seiner Geschicklichkeit immanent. Wird diese wertfrei genommen, nur erfolgsorientiert, ohne Rücksicht auf menschliches und göttliches Recht, dann gerät sie zum Fluch. Wie Dädalus in seiner Leidenschaft, allein Meister in der τέχνη zu sein, keine Rücksicht auf das Leben des jungen Perdix nimmt, also Unrecht begeht, so missachtet Ikarus in seiner Lust, die Höhen des Himmels allein zu erobern, die Regeln des Vaters und die quasi naturgegebene Ordnung, derzufolge der Himmel den Göttern vorbehalten ist. In der Ikarus-Tat spiegelt sich für Dädalus gleichsam sein eigenes Tun; er erkennt darin seine Schuldhaftigkeit, er erfährt durch Ikarus' Tod seine eigene Bestrafung.

Diese moralische Konstellation des wie gesagt griechischen Mythos wird bei Ovid nur in unscharfen Konturen fassbar; insofern etwa *perdix*, das Rebhuhn, in dem sich der ermordete Neffe Perdix verkörpert, durch sein Lachen — im Anschluss an den übersetzten Text — einen schadenfrohen Kommentar zur Katastrophe gibt. Für den jedoch, der das mythische Sujet in der Fassung Ovids zur Kenntnis nimmt, bleiben diese Zusammenhänge eher im Hintergrund; die spätere Rezeption dieser Fassung ist dafür ein Zeugnis. Hier tritt der junge Ikarus als Hauptfigur hervor; an ihm manifestiert sich das Versagen des mit einem technischen Werk beschenkten Menschen, da er in leichtfertiger, dummer Weise — noch ohne Sinn für Verantwortung — die ihm gesetzten Grenzen sprengt, die Peripetie des Geschehens durch seinen übersteigerten Trieb verursacht, sich dabei selbst zerstört und so anderen Leid zufügt.

Ovids dramatische Fassung fokussiert Ikarus-Tat und Ikarus-Schicksal. Eine solche Deutung liegt nun, wie wir sehen werden, den meisten Bilddokumenten zugrunde, die die Ikarus-Rezeption in der europäischen Kulturgeschichte entstehen ließ. Ikarus ist der Held der Geschichte, an ihm entwickelt sich das tragisch-leidvolle Geschehen, er ist es, der Zeichenkraft und Symbolcharakter

gewinnt. Dädalus, der Meister, verschwindet oder in den seltenen Fällen, wo er mit ins Bild kommt, ist er nur Folie, eher die Kontrastfigur, die der Ikarus-Tragödie schärfere Konturen gibt.
In diesem von Ovid ausgesteckten Verstehensrahmen hat Ikarus auf der Bühne der Welt Karriere gemacht. Der Begriff „Verstehensrahmen“ ist bewusst gewählt, er lässt offen, ob Ovid selbst schon die Ikarus-Tat moralisch bewertet oder gar verurteilt hat. Ihm kam es wohl eher auf die Darstellung der schönen, spannenden, dramatischen, zuweilen auch aus ironischer Distanz betrachteten Geschichte an. Aber der Römer konstelliert das Geschehen in der Entwicklung des Dramas so, dass ihm mit Notwendigkeit ethische Qualität zuwächst, von der auf den Leser Impulse zur Bewertung ausgehen. Eben deswegen kam es zu der besonderen Rezeption gerade dieses antiken Mythos. Ovid ist der Initiator dazu. Er hat, wie sich zeigen lässt, die entscheidenden Anstöße durch seinen Text gegeben.
Vor allem das Thema „Erneuerung der Natur“ durch die technische Leistungskraft des Menschen tritt in ihrer tragischen Dimension in den Mittelpunkt der Ikarus-Rezeption; in ihr erschließt sich ein Aspekt der kulturellen Entwicklung Europas; sie ist zugleich ein Spiegel ihrer Bewertung, im Mittelalter bereits, mit zunehmender Dringlichkeit in der Neuzeit. An einigen wenigen Beispielen dieser Bild-Rezeption soll dafür die Bestätigung geliefert und dabei auch eine Lösung des anfangs gestellten Rätsels gefunden werden.

Karikatur von Jan Tomaschoff

2.1 *Ikarus — Chiffre der Zeitdeutung im Mittelalter*

Es ist bezeichnend, dass gerade in jener Zeit, in der sich die technische Leistungskraft faktisch — nicht nur in der Phantasie des Dichters — an Flugobjekten versuchte, also im 15./16. Jh., eben zur Zeit des Aufbruchs der Naturwissenschaften, das Ikarus-Thema zu einer übertragenen, über sich selbst hinausgreifenden Geltung kam; erinnert sei nur an Leonardo da Vinci, der damals als Ingenieur auch konkrete Pläne für Flugapparate ausarbeitete. In dieser Zeit lässt der flämische Maler Pieter Bruegel in seinem berühmten Bild „Der Sturz des Ikarus" (1550) den jungen Himmelsstürmer unbemerkt von allen Menschen (vom Bauern, Angler und Hirten, den ovidischen Vertretern des Menschengeschlechts) ins Meer stürzen.[2]

Es ragen nur am rechten Bildrand die Beine des versinkenden Ikarus aus dem Wasser. *Pennas adspexit in undis.* Keiner nimmt Anteil an seinem Schicksal. „Unbemerkt stürzt Ikarus ab", so ein moderner Kommentar dieses Bildes. Hier keine Bewunderung für die quasi göttliche Tat des jungen Helden! Bruegel verfolgt damit, wie wir wissen, eine Absicht. Er bezieht durch diese Umformung des Mythos Stellung gegen jene von ihm in Italien erfahrene Aufbruchsstimmung der Renaissance-Menschen, die sich in einem Satz plastisch ausdrückt: „Du kannst zum Tier entarten, aber du kannst dich auch aus dem freien Willen deines Geistes zum gottähnlichen Wesen wiedergebären" (Pico della Mirandola, Oratio de dignitate hominis 1492). In solchem Menschheitsoptimismus sieht der bäuerliche Maler eine Störung, ja Zerstörung der heilen, heiligen Ordnung der Welt des Mittelalters. Ikarus ist für ihn ein Dümmling, der im übersteigerten Selbstgefühl (*superbia*) gottgleich sein will

[2] Vgl. dazu bes. Kranz, G.: Meisterwerke in Bildgedichten. Rezeption von Kunst in der Poesie. Frankfurt a. M./Bern/New York 1986, 345 ff. (hier weitere Literatur dazu)

wie auch Phaëthon, ein anderer Himmelsstürmer des antiken Mythos. Beide büßen sie für ihre Sünde, sie sitzen unter den Narren des Mittelalters in Sebastian Brants „Narrenschiff“ (1494). Den hochfahrenden Sinn des Menschen nach Gottgleichheit empfindet man seitdem, wenn Technik im Spiel ist, als die „Ikarus-Sünde“. Zur Ikarus-Tat und zum Ikarus-Schicksal kommt hier ein Drittes: die Ikarus-Sünde.

Täglich sieht man der Narren Fall
Und spottet ihrer überall;
Sie sind verachtet bei den Klugen
Die selbst die Narrenkapp oft trugen;
Es schilt ein Narr den anderen Narren . . .
Und stößt sich dort zu jeder Frist,
Wo erst ein Narr gefallen ist . . .
Dem Stiefvater folgt oft und viel
Wer nicht dem Vater folgen will.

Hätt Phaëthon nicht den Wagen bestiegen,
Wollt Ikarus so hoch nicht fliegen,
Wären gefolgt den Vätern beide,
Sie blieben verschont von Tod und Leide.

2.2 *Ikarus: Zeichen für Leistung und Risiko der Flugtechnik*

Ikarus war hier — bei Bruegel — zu einer Chiffre der Zeitdeutung geworden; der Mythos hatte von nun an eine mataphorische Funktion. Diese tritt uns umso auffallender entgegen, je näher die Zeit kam, wo der Mensch kraft seiner Erfindungsgabe sich wirklich in die Luft erhob, etwa 350 Jahre später. Otto Lilienthal, der Flupionier der Neuzeit, ist demnach — in einem Gemälde von Hans Erni (1941) — im Vogelgewand des Ikarus abgebildet, steil nach unten stürzend, mit weit aufgerissenen Augen, mit einem unheilahnenden Gesicht — eine Geste, die zeichenhaft werden sollte für das 20. Jahrhundert, in dem die τέχνη des Fliegens bestaunenswerte Dimensionen erreicht. Ikarus ist hier ein Hinweis darauf, dass dieses menschliche Vermögen extrem risikobehaftet ist.

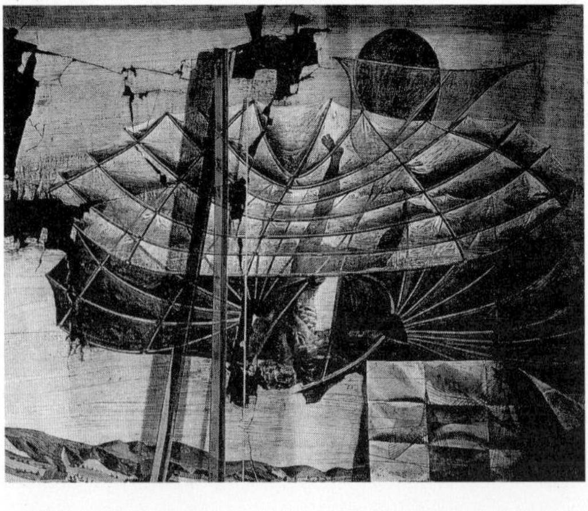

Er wollte die echten Vögel nachahmen, ohne zu ahnen, dass er dabei etwas tat, was ihm zur Gefahr werden sollte (*sua pericula tractare*).

Von nun an begann Ikarus das Medium dafür zu werden, die Reaktion des staunend-betroffenen Menschen auf neue Leistungen in der „Erneuerung der Natur“ am Himmel zeichenhaft auszudrücken.

2.3 *Ikarus — Sigel für das Scheitern in der Weltraumforschung*

Der deutsche Maler Radziwill hat sein „Sturz des Ikarus“ (1960) betiteltes Gemälde auf die Superleistung der menschlichen Flugtechnik abgestellt. Der Raumflug, noch bis über die Mitte dieses Jahrhunderts unerfüllter Traum der Menschheit, machte in der Tat den Menschen endgültig fähig (wie vom Römer Ovid vorausgeahnt), seinen Drang zum Himmel zu stillen und der Sonne nahe zu kommen. Ikarus konnte, so ist zu sehen, das bisher als festgefügte Ordnung geltende Himmelsgewölbe (eben das „Firmament“) durchbrechen, „von der Leidenschaft zum Himmel“ gezogen; er sprengte dieses Firmament gewissermaßen auf, riss ein Loch hinein, durch das die Sonne hereinschaut; aber er wurde zurückgestoßen, so dass er zerschmettert am Ufer des Meeres liegt. Der rotweiße Messstab des Geometers in der Mitte des Bildes wie auch das Passagier-Dampfschiff (könnte es die „Titanic“ sein?) signalisieren die Deutung: Das Bild enthält eine Aussage über die Leistung, aber auch über die Gefährdung des Menschen durch seine technische Geisteskraft.

2.4 *Ikarus — Astronaut mit politischem Schicksal*

„Von Ikarus bis zu den Astronauten von heute“ führt, so die Balkenüberschrift in einer Tageszeitung 1980, ein direkter Weg: in der Tat. Der Maler Samuel Bak hat sich 1972 als Ikarus neben seinem Vater stehend im Raumfahreranzug des Astronauten dargestellt. Dädalus und Ikarus haben sich zu „Sternfahrern“ permutiert.
Der antike Mythos hat diese neue Entwicklung in sich aufgenommen; er lieferte auch dafür den Verstehensrahmen. Ikarus ist die Hauptfigur; er steht in Frontalansicht vor uns; der nur von der Seite sichtbare Vater Dädalus, der im Getto in Wilna in Polen

zurückbleiben musste und dort starb, verstärkt durch seine Anwesenheit den Eindruck der Leiderfahrung des Sohnes, der aus dem Gefängnis fliehen konnte. Das technische Werk verschafft ihm die Freiheit, versagt diese aber seinem Schöpfer. Die Kulturleistung wird durch politische Umstände erzwungen, zugleich aber schaffen sie eine Beschränkung ihrer Verwirklichung. Wichtig ist hier die Erkenntnis, dass sich die Tragik der Geschichte vom Ereignis des Fliegens zu lösen begonnen hatte und auf ein allgemeinmenschliches, in diesem Falle persönliches politisches Schicksal beziehbar wurde.

2.5 *Ikarus — zur Weltraumkapsel verwandelt*

Diese Erweiterung des Mythoskerns tritt uns auch und noch stärker in einem Ölgemälde des DDR-Malers Wolfgang Mattheuer „Sturz des Ikarus II" (1973) entgegen.

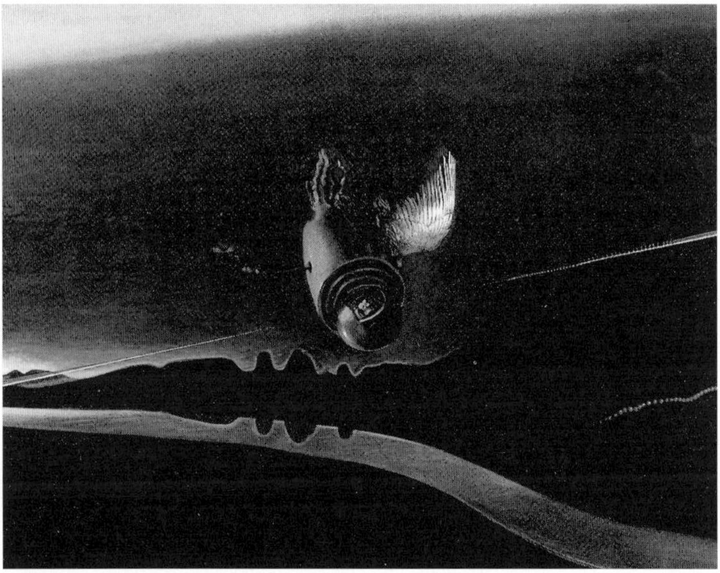

Was erkennen wir hier? Ein Interpret des Bildes dazu: „Ins Nachtdunkel getaucht zieht der ‚Astronauten-Ikarus' seine kosmische Bahn. Halb technoides, halb geflügeltes Wesen befindet sich diese Symbiose von Natur und Technik schon im Zustand der Auflösung. Die Flammen haben bereits einen Flügel zerstört und greifen den verbliebenen an, der im Widerschein der Sonne metallisch kühl erstrahlt. Auch hier ist das Ende des Fluges programmiert."
Der Vogel, den der Mensch hier nachahmt, ist kein echter mehr. Er ist eine Metallkapsel. Ikarus sitzt in dieser – zusammengekauert in ihrer Spitze, dem Ende wehrlos ausgeliefert. Die Phantasie des Künstlers hat den Helden seine Identität an das technische Produkt abgeben lassen. Ikarus geht in der Weltraumkapsel auf, sie ist seine Existenz. Das antike *naturam novare*, von dem aus sich im Ovid-Mythos die Entwicklung anbahnt, ist hier fast schon in seiner extremen Form vollzogen. Die Ikarus-Metapher erfasst die Technik und den Menschen in ihrem totalen Banne.

2.6 *Ikarus — „Star" einer Sky-Art-Opera*

Dieses totale Aufgehen in der Sache der Technik hat die moderne Ikarus-Sky-Art-Opera von Paul Earl (1983 uraufgeführt auf der IGA in München) zum Thema. Sie wurde von Amerikanern geschaffen, die — aus der Sicht ihres Kontinents — in Ikarus den „Fürsten der abendländischen Mythologie" erkannten.
Mit Hilfe von gewaltigen, durch Gas aufblasbaren Plastikfiguren ist das uralte Thema — zudem mit neuer Musik — zur Anschauung gebracht, eine beeindruckende Symbiose von Antike und Moderne. Aus dem Libretto seien im Kontext der Handlung einige markante Sätze zitiert: Dädalus erscheint am Anfang als der geniale, selbstgefällige Künstler (auf der Bühne agieren die Sänger, während in den Plastikfiguren das Besungene und Geschehende auf, außerhalb und oberhalb der Bühne parallel in überdimensionaler Form präsentiert wird). Er singt:

„Ich, Dädalus, ich mache das Unmögliche möglich!" — „Nichts ist unmöglich für den Menschen." — „Ich beuge das Schicksal im Dienste der guten Sache." — „Ich bin Erfinder, Wundermacher." — „Eine Erfindung: Flügel für den Menschen!" Die Erfindung des Vaters macht den Sohn zum Flieger. Dädalus bleibt auf der Erde. Pasiphae, die Frau des Minos, vor Ikarus' Abflug: „Ikarus, geliebter Narr. Du wirst ein Gott sein, Bote unserer Sehnsucht!" Ikarus erhebt sich in die Luft, er ruft, während seine ihn darstellende Plastikfigur in die Höhe schwebt: „Fliege ich! Jetzt tanzt ein Gott durch mich!" Der junge Mann schwebt dem Gebot des Vaters zuwider „aufwärts — weiter und weiter". — „Die Gefahr nahe. Die Luft dünn und klar und der Geist voller fröhlicher Bosheit." Ikarus fliegt direkt in die Strahlen der Sonne hinein und stürzt ab. Der vom Leid getroffene Vater kehrt auf die Bühne zurück, den toten Sohn in den Armen tragend; er beginnt und beendet seine Klage: „Du, Ikarus, du Sohn!" (und sonst nichts mehr).

Mit dem „Ich" des Meisters, des Technikers zu Beginn — eine wirkungsvolle Dramaturgie — korrespondiert das „Du" des Vaters am Ende. Der Schöpfer erfährt die bittere Wirkung seines Werkes; er muss im „Du!" die Egozentrik seines Denkens und Strebens überwinden; er hat zu erkennen, welches gefährliche Mittel er seinem Nutznießer gegeben hat — und dass der Mensch Ikarus nicht Experimentierobjekt seiner Geisteskraft ist, sondern ein eigenständiges und eigenwilliges Du.
Wiewohl Dädalus hier die agierende Figur ist, manifestiert sich doch am Sohn die existentielle Bedrohung: Durch Ikarus tanzt ein Gott; er ist es, der dem Drang nach Göttlichkeit durch die Möglichkeit der Technik ausgeliefert ist. Ikarus ist auch hier die Hauptfigur, weshalb die Bild-Oper eben den Titel nach ihm trägt: Icarus-Sky-Art-Opera.

2.7 *Ikarus — Satirischer Kommentar zu einer Technik-Katastrophe*

Die Anrede „Du Ikarus!" an den vernichteten Helden sollte Symbolkraft bekommen. Die Symbolisierung des antiken Mythos hatte sich ja endgültig vollzogen; Ikarus war zum Zeichen für das die Menschheit beherrschende Ereignis der Technik mit ihren Folgen geworden. Die Visionen der Künstler, in denen die Tragik der Technik am Ikarus-Schicksal verdichtet zur Anschauung kommt, sind nicht selten schon, wie wir wissen, zur bitteren Wirklichkeit geworden, in den Spitzenkatastrophen der Technik. Die alarmierende Nachricht darüber wird, zumal wenn das Drama im Hochleistungsbereich der Technik, der Raumfahrt, passiert, geradezu zwanghaft mit der symbolischen Formel des Ikarus-Schicksals der Moderne kommentiert.
Am aufregendsten geschah dies in der Challenger-Katastrophe 1986, bei der das bemannte Raumfahrzeug (the spaceshuttle) wie ein Feuerball verglühte, sekundenschnell. Die ganze Welt hat voller Bestürzung, in tragischer Ironie durch die technischen Medien, die Ambivalenz eben dieser Technik hautnah, unter Herzklopfen und mit stockendem Atem, diese „Ikarus-Tragödie" miterlebt. Die Symbolik des antiken Mythos bekam hier eine satirische Form, da sie als Karikatur den Vorfall kennzeichnete (in der Süddeutschen Zeitung von Brigitte Schneider). Die Künstlerin reagierte mit dem „NASA-Ikarus" auf das tragische Geschehen.
Ikarus erscheint in diesem Bild, mit dem Leib an die Weltraum-Rakete gegürtet, noch als aufwärtsstrebende Gestalt, den Blick zur Sonne gerichtet. An ihm manifestiert sich gewissermaßen technischer Optimismus. Dieses Raketen-Mensch-Konstrukt ist kurz vor dem Abheben ins All (*cupidine caeli tractus*), kurz vor dem Start in die Katastrophe. Der Kontrast zwischen der Bildaussage und dem dahinter stehenden Unglücksereignis, von dem jeder weiß, also der verwirklichten Gefahr, schafft ein tiefes Bewusstsein von der tragischen Möglichkeit allen technischen Fortschritts schlechthin. Die Antike-Rezeption avancierte hier, wie wir sehen, zum Kommentar eines Weltereignisses.

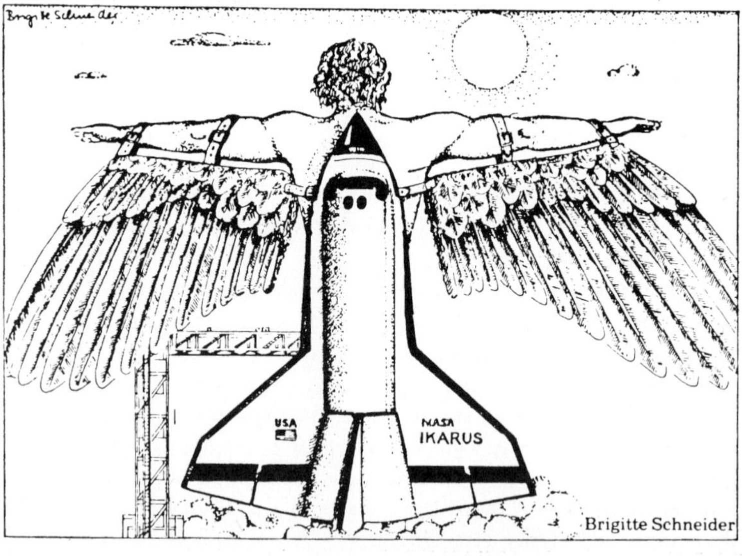

2.8 *Ikarus — Symbol für den Sturz des Menschen*

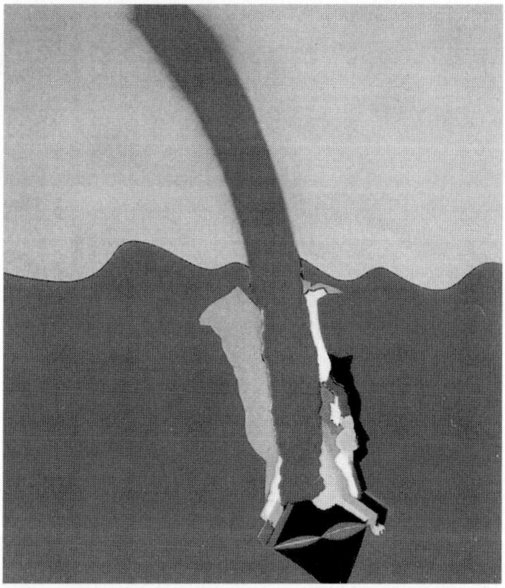

Die künstlerische Gestaltung des Vollzugs einer solchen Katastrophe hatte schon 1964 der Amerikaner ALLAN JONES geschaffen. Auch für ihn ist Ikarus dafür die Symbolfigur; er nennt sein Gemälde „Stürzende Figur".
Da stürzt aus dem von der Sonnenhitze gleißend-gelben Himmel in das dunkelblaue Meer der Verunglückte, die Hände ausstreckend, mit verglühendem Körper. Die Sonne, von der er kommt, muss hell und heiß sein, so hell und heiß, dass der Fallende einen schwarzen Schatten auf das dunkle Wasser werfen kann. Ein breiter roter Feuerschweif, den Ikarus, der Technikfan, hier schon nicht mehr Mensch, vielmehr eine amorphe, in Auflösung begriffene Masse, hinter sich herzieht, verbindet Himmel und Meer; die Natur hat gleichsam zurückgeschlagen. „Sein Mund, der den Namen des Vaters ruft, verschlingt das dunkelblaue Meer" (*Oraque caerulea patrium clamantia nomen excipiuntur aqua*). Der Feuerschweif, beherrschend im Zentrum, signalisiert das Ende einer großen Hoffnung — nicht eines einzigen Menschen, sondern des Menschen in seiner Zeit.

2.9 *Ikarus — Symbol für die Entmenschung der Schöpfung*

Die Hoffnungslosigkeit schlechthin schlägt einem aus dem Bild entgegen, das wir als letztes betrachten und mit dem wir in das Thema eingestiegen sind: im „Ikarus"-Gemälde des Amerikaners ARMSTRONG (1982). Das Bild (s. oben S. 47) hat nur noch Zeichencharakter, lebt von der inneren Analogie. Das Gezeigte ist aller aktuellen, aber auch antiken Realität entzogen; es ist bloß mehr Abstraktion. Ikarus ist entpersonalisiert: Vom Menschen über den Himmelsstürmer, den Firmamentenaufsprenger, den Astronauten, über die Weltraumkapsel hat er sich zur Erdkugel verwandelt. Ikarus sozusagen zur Form des Globus permutiert. Das engere Thema der Flug- und Raumfahrttechnik, in dem sich immer schon die allgemeine Problematik mit andeutete, hat sich zur umfassenden Perspektive geweitet — an der antiken mythischen Figur, die nur noch im Namen gegenwärtig ist.
Soweit hier überhaupt eine Deutung möglich wird: Ikarus-Tat, Ikarus-Schicksal und Ikarus-Sünde sind zu einer Abstraktion gestaltet, die eine Zerstörung von apokalyptischem Ausmaß ahnen lässt. Ein zerborstener Flügel, losgefetzt vom Ganzen und aufgeprallt auf eine Mauer, daneben die aufgerissene Erdkugel, festgespießt auf einen Pfahl, der in eine kosmische Fläche ohne Leben eingerammt ist.

Der Mensch in seinem Drang nach oben, dem Zwang einer Not folgend, ganz der Erforschung unbekannter Bereiche der Welt hingegeben, darin eben symbolisiert in der Gestalt des Ikarus, geht in diesem Gestus total auf, so sehr, daß er zur Erdkugel selbst geworden ist, die als eigenständig der eigentlichen Erde gegenübertritt. Er oder sie steckt in ihr, noch im Streben nach oben begriffen (*cupidine caeli tractus*), doch dabei gescheitert, zerfetzt. Das *naturam novare* ist misslungen oder in einer nicht gewollten Weise gelungen. Die immer mehr durch die τέχνη kultivierte Erde ist für den Menschen tot geworden, bietet keinen Lebensraum mehr für den Menschen, den jetzigen Menschen. Der Mensch kann die Natur, so hat ein Naturwissenschaftler beim Anblick dieses Bildes gesagt, nicht zerstören, er zerstört nur seine Existenzchance in ihr. Ikarus hier also das Symbol für die Entmenschung der Schöpfung durch die Erfüllung des den Menschen von Anfang an beherrschenden Traumes, der ihn zur Sonne zieht. Hier bleibt im apokalyptischen Nichts kein Raum mehr, weder für das „Du" noch für das „Ich". Das Drama ist vollendet. Ob aus den Trümmern einmal — phönixartig — wieder Neues kommt, bleibt offen, dem Bild mag man es kaum entnehmen.
Ikarus ist hier als der Mensch schlechthin verstanden; das Bild meint die Tragödie des Menschen. Man staunte und glaubte, es seien Götter: *Obstipuit, credidit . . . esse deos.* Jetzt aber ist niemand mehr, der solche Reaktion zeigen könnte. Es trifft nur mehr ein posthumaner Kommentar zu, wie der vom Theologen und Schriftsteller JÖRG ZINK. In der Schlussphase seines Schöpfungsberichtes „Die letzten sieben Tage" heißt es:

„Am siebten Tag war Ruhe. Die Erde war wüst und leer, und es war finster über den Rissen und Spalten, die in der trockenen Erdrinde aufgesprungen waren. Und der Geist des Menschen irrlichterte als Totengespenst über dem Chaos. Tief unten, in der Hölle, aber erzählte man sich die spannende Geschichte von dem Menschen, der seine Zukunft in die Hand nahm, und das Gelächter dröhnte hinauf bis zu den Chören der Engel."

Ikarus ist, wir konnten es sehen, gleichsam einer in ihm angelegten Dynamik folgend zum Symbol für die Gefährdung, die Existenzbedrohung der Menschheit schlechthin geworden. Seine Geltung ist hier universal. Darin tritt uns die letzte und äußerste Ausformung dessen gegenüber, was in der römischen Gestalt des Mythos bereits keimhaft angelegt ist: der revolutionierende Eingriff des Menschen in die Natur und die Rache dieser Natur, die letztlich zu seiner totalen Katastrophe wird.
Diese markante Symbolkraft ist es vor allem, die Ikarus zum „Fürsten der abendländischen Mythologie" werden ließ. Zugleich aber wird klar — das lässt sich nur aus der Rückblende von der modernen Rezeption zum antiken Original feststellen —, dass es zu dieser Symbolkraft des antiken Mythos niemals gekommen wäre, dass es diesen Ikarus nie so als europäische Symbolfigur geben würde, wenn sich nicht der römische Dichter Ovid der griechischen Vorlage bemächtigt und ihm die bleibende und wirkende Form gegeben hätte. Nur von Ovid konnten solche Rezeptionsimpulse ausgehen. Die Synthese zwischen griechischer Phantasie und römischer Formkraft hat in diesem Falle dem Mythos diese unwiderstehliche Dynamik in Europa und darüber hinaus gegeben. Ovids Metamorphose hat, wie hier zu sehen, ununterbrochen im Lauf der Geschichte ihre eigene Metamorphose durch das Bild erfahren, immer mit dem

Ziel, Entwicklungsstufen der geistig-technischen Leistungskraft des Menschen kritisch warnend vor das Auge zu bringen, die darin liegende existentielle Problematik nachhaltig bewusst zu machen, aber zugleich immer — hintergründig — an den Verantwortungssinn und an die Verantwortungsbereitschaft der Menschen zu appellieren.

Ikarus ist ja keineswegs — denn nichts im antiken Text hätte dazu Anstoß gegeben — eine Chiffre für Technikfeindlichkeit, an ihm manifestiert sich nicht Defätismus gegenüber dem Forschungsdrang des Menschen. Ikarus ist nicht, wie etwa BEAT WYSS (1990) meinte, „ein Vexierbild des humanistischen Pessimismus". Er ist eher ein Warnsignal, ein kräftiges *ut... moneo, ne...* für den sich maßlos an seinem naturwissenschaftlich-technischen Können berauschenden Menschen, eine Appellation an die Vernunft. In dieser Funktion ist der antike Mythos zu einem geläufigen Mittel der visuellen Kommunikation unter den Menschen gewoden.

Damit fassen wir am „Ikarus" wie wohl an keiner anderen mythischen Figur der Antike Bedeutung und Wert des antiken Mythos für die Gegenwart und für die Zukunft. Dieser Mythos enthält Urbilder der Menschheit, noch treffender, wie es der Germanist WOLFRAM WUTTKE ausgedrückt hat, „archetypisch in der Psyche Europas versenkte Erinnerungsbilder", die gerade am Ende des 20. Jahrhunderts verstärkt ihre Wirkung ausstrahlen. Der antike Mythos ist präsent, die Antike ist nicht vorbei. Mythen wie der des Ikarus sind der eindrucksstärkste Beweis für die Verbindung von Antike und Gegenwart.

Vielleicht wird am Ikarus-Symbol ein wenig begreifbar, was PETER HANDKE, der heutige Schriftsteller, meinte mit seinem lapidaren Satz: „Jetzt ist die Antike." Es bestätigt sich auch, was GILBERT K. CHESTERTON, ein Literat Englands, schon in der ersten Hälfte dieses Jahrhunderts äußerte: „Die Vergangenheit ist nicht tot, ja sie ist nicht einmal vergangen." In solchen Sätzen steckt natürlich eine Provokation gegenüber den Zeitgenossen, für die aber, denen die Antike am Herzen liegt, steckt darin ein kultureller Auftrag, ein Bildungsauftrag, den wir eben als einen humanistischen begreifen wollen und sollen.

Orpheus

1. Unterrichtsprojekt

1.1 Didaktische Begründung

Seit Urzeiten haben Menschen, wie es scheint, das Bedürfnis, sich das, was jenseits der Grenzen des Todes liegt, mit der Kraft ihrer Phantasie zu vergegenwärtigen. Sie projizieren diesseitige Vorstellungen hinüber in das Reich des Schattens und malen sich das Szenario dort in meist düsteren, grauen, traurigen Farben aus. Homers „Odyssee" lässt den Helden im 11. Buch mit den Toten in Berührung kommen, ihn sogar in den finsteren Hades hinabsteigen, wo ihm die verstorbenen Bezugspersonen der Heimat und vor Troja begegnen. In Analogie dazu hat Vergil das 6. Buch der „Aeneis" zu einem einzigartigen Blick hinter die Kulissen des Lebens ausgestaltet, indem er den Leser den Hauptheldén Aeneas auf seinem Gang durch die unterschiedlichen Zonen der Unterwelt begleiten lässt.
Ein solcher Abstieg in den Machtbereich der Unterweltgötter ist auch von Ovid in seinen „Metamorphosen" inszeniert worden, auch hier in phantastischen Bildern veranschaulicht und durch Aktionen dramatisch verlebendigt. Der Leser ist hier insofern noch stärker beeindruckt, als die Erfahrung jener anderen freudlosen Welt auf das Engste mit dem Schicksal zweier junger Menschen verbunden ist. Einer davon ist Orpheus, der thrakische Sänger, berühmt und beliebt wegen der bezaubernden Kunst seiner Musik, mit der er Menschen und Tiere in Bann schlägt. Ihn hat das harte Schicksal getroffen, dass er seine Geliebte, Eurydike, sogleich am Tag der Hochzeit wieder verlor. Das Leid darüber erfasst ihn so übermächtig, dass er glaubt, seine auf der Oberwelt alles betörende und alles durchsetzende Macht des Gesanges auch bei den Herrschern des unteren Reiches erfolgreich einsetzen zu können. Vergeblich, wie wir wissen. Eurydike hat er nicht wieder ins Leben zurückführen können.
Diese Konstellation, die das Existenzproblem des Menschen schlechthin betrifft, nämlich die Abhängigkeit seines Glücks von der unberechenbaren Macht des Schicksals, stößt bei jedem Menschen auf Resonanz. Gerade junge Menschen zeigen sich durch die mögliche Erfahrungsnähe davon stark betroffen. Diese Betroffenheit wird dadurch noch verstärkt, dass man verdeutlicht, wie sehr dieses Orpheus-Motiv in den vielfältigsten Formen der Kunst, gerade eben der Musik, aber auch der Malerei, der Plastik, der Literatur und des Films aufgegriffen worden ist und zu immer neuen Schöpfungen von bleibender Dauer geführt hat. Der Orpheus-Mythos hat sich als ein konstitutives, die menschliche Kreativität umfassend anregendes Element der europäischen Kultur erwiesen, über alle nationalen Grenzen hinweg. Auch Orpheus ist eine abendländische Symbolgestalt par excellence. Die Begegnung mit diesem Orpheus (und seiner Frau Eurydike) zu ermöglichen, ist eine didaktische Pflichtaufgabe für den Lateinlehrer. Nur er verfügt über den dafür zuständigen Originaltext.

1.2 *Hinweise zur Organisation*

Die Episode „Orpheus und Eurydike“ umfasst 69 Verse (vom Originaltext sind die Verse X 64–71 ausgelassen). Die abgedruckten Verse sollten in neun bis zehn Stunden bewältigt werden können. Die erste Stunde des Projekts dient der Einführung in den Zusammenhang der Geschichte innerhalb des Gesamtwerks, soweit dies nötig ist, und der Hinführung zum Text, die am besten von den beiden abgedruckten Bildrezeptionen ausgeht. Die ersten Verse (zumindest 1–5) müssten noch zu lesen und zu übersetzen sein. Die zweite Stunde geht nach dem Übersetzen der Verse bis 10 auf die metrische Analyse genauer ein und baut von hier aus die Interpretation auf.
Die schrittweise Bearbeitung der einzelnen Abschnitte, die hier in ihrer Gesamtheit interpretiert werden, kann sich an den beigefügten Fragen und Bildern orientieren. Am Ende steht die zusammenfassende Schlussinterpretation, die hier durch Text- und Motivvergleich ausgeweitet wird. Vor allem durch Berücksichtigung von Beispielen aus der Musik und der abgedruckten „Orpheus-Gedichte“ kann die Wirkungsmacht dieses antiken Stoffes am nachhaltigsten spürbar gemacht werden. Dafür dürfen ein bis zwei Stunden veranschlagt werden. Das Orpheus-Projekt könnte etwa folgendes Profil zeigen:

Vorbereitung	**Arbeitsunterricht**	**Nachbereitung**
Einstiegs- motivation (λαβή)	Werten ↑ Interpretieren ↑ Übersetzen ↑	Zusammenfassende Schluss betrachtung mit Ausblick in die Rezeptionsgeschichte
Einführender Bildvergleich zur Kernszene *(synthetische Konkretisation)*	Erarbeiten des Textverständnisses *(reproduzierende Konkretisation)* **Bildvergleich zur Hochzeitsszenerie** / **Schülerzeichnung und Bildvergleich zur Unterweltsszenerie** *(synthetische und produktive Konkretisation)*	Rückgriff auf den einführenden Bildvergleich; Textvergleich; **Einsatz von Musikdokumenten** *(synthetische Konkretisation und dialogische Rezeption)*

1.3 *Die beiden ersten Stunden am Text*

a) Einführender Bildvergleich und Hinführung zum Text

Den Schülern werden zunächst die beiden Bilder (s. Textband S. 58!) vorgestellt (am besten vervielfältigt übergeben). Wir weisen auf den Zeitabstand ihrer Entstehung hin: Hier ein attisches Relief aus dem 5. Jh. v. Chr., dort ein Holzschnitt aus unserem Jahrhundert. Thema: Hermes führt Orpheus und Eurydike aus der Unterwelt, einmal im Stil des Grabreliefs gehalten, in sehr wirklichkeitsnaher Haltung, wobei die Züge der Figuren tiefe menschliche

Gefühle erahnen lassen; dort die holzschnittartige Stilisierung dieser Dreiergruppe mit der gleichen Gebärde. Welches ist die Gebärde? Orpheus blickt sich zu Eurydike um? Das ist der entscheidende Moment der Geschichte; gerade diese wurde über die Zeiten hinweg immer wieder in Bild und Ton gestaltet und gedeutet. Darauf muss sich demnach auch die Interpretation des Ovid-Textes konzentrieren. Wie hat der antike Dichter, der uns die ausführlichste Beschreibung gibt, diese Szene gestaltet? Aus welcher Situation heraus ist sie entstanden und welche Folgen hat sie? Worin etwa wird ein Unterschied zwischen der ovidschen Darstellung und der Darstellung in den vorgeführten Bildern erkennbar? Diese Fragen sind im Laufe der Interpretation zu beantworten: Vielleicht fällt uns am Ende dann auch eine Antwort darauf ein, warum gerade dieser Mythos von „Orpheus und Eurydike“, sozusagen aus der antiken Quelle gespeist, so viele Bäche und Ströme durch die Jahrhunderte hat fließen lassen. Wir gehen zur Quelle. Vorher lesen wir den einführenden Text.

b) Interpretationsschwerpunkte

Hymenaeus kommt von einer glücklichen, heiteren Hochzeitsveranstaltung an das Gestade Thrakiens:[1] Von welcher Atmosphäre ist dieses Hochzeitsfest bestimmt? Am besten machen dies die Verse 4 f. formal und inhaltlich spürbar:

Antithese

Adfuit ille [quidem], [sed] nec sollemnia verba
– ∪ ∪ – ∪ ∪ – – – – – ∪ ∪ – ∪̇

nec laetos vultus nec felix attulit omen
– – – – – – – – – ∪ ∪ – ∪̇

v. 4 zeigt bis zur Zäsur nach dem 5. Halbvers die „normale“ hexametrische (daktylische) Form. Ab dieser Zäsur erscheinen, wo immer möglich, Spondeen, bis zum Ende von v. 5, also eine schwere, den heiter-rhythmischen Lauf hemmende Abfolge von Längen. Durch diese Retardierung wird formal-metrisch die sprachliche Antithese *quidem — sed* nachdrücklich unterstrichen. Der festliche Hochzeits-Gott ist zwar da (dies müsste locker-heitere Freude bedeuten), aber, was er sonst den Feiernden mitbringt, hat er hier nicht gebracht. Die Negation dominiert:

nec sollemnia verba	keine feierliche Rede
nec laetos vultus	keine lustigen Gesichter
nec felix omen	kein glückliches Vorzeichen

[1] Dass die vorausgehende Geschichte unbedingt zum vollen Verständnis der Geschichte von „Orpheus und Eurydike“ heranzuziehen ist, verlangen mit Recht Michael von Albrecht (Interpretationen, 94), Helmut Gugel (Orpheus’ Gang in die Unterwelt, 41) und Egon Römisch (Metamorphosesn, 45); letzterer sei zitiert: „Eigentlich müsste man die drei letzten Verse des neunten Buches hinzunehmen, um das Strahlende der Stimmung zu fassen, die den Hymenaeus umgibt; denn er kommt gerade von der Hochzeit des Iphis mit Ianthe, wo die Verwandlung der Iphis in einen Knaben knapp vor der Hochzeit alle Probleme gelöst und eine heitere Atmosphäre geschaffen hatte.“

Das dreimalige *nec* wirkt suggestiv, es lässt den Eindruck von Positivem nicht aufkommen, erzeugt die schwermütige Stimmung des Nichterfülltseins: eine Hochzeit ohne Feier, ohne Freude, ohne Aussicht auf ein günstiges Schicksal. Im Rückblick wird uns die eine Zeile vorher stehende Formulierung

⟨*Hymenaeus*⟩ *Orphea nequiquam voce vocatur*

erst voll verständlich. Die Stimme des Orpheus ruft den Hochzeitsgott, ganz intensiv (*voce vocatur*: Alliteration, figura etymologica); aber er, der nicht nur Menschen, sondern auch Tiere, sogar Bäume mit seiner Stimme dazu bringt, daß sie ihm folgen und ihm zuhören, der es fertig bringt, daß Flüsse beim Klang seiner Weisen aufhören zu fließen (das hier abgedruckte Bild mag diese Orpheus nachgerühmte Zauberkraft des Gesanges verdeutlichen), er ruft den Hochzeitsgott vergeblich. Auch hier schon stehen drei Spondeen hintereinander; sie unterbrechen, wie Egon Römisch sagt, „den Rhythmus des froh dahin eilenden Hochzeitsgottes (man beachte das Metrum in v. 1 und 2), sie schlagen also schon den Stimmungston an, der dann in v. 4 f. vorherrscht. Dazu kommt: Die Zwischenstellung des *nequiquam* zwischen *Orphea ... voce* lässt den Gegensatz zwischen der Zauberkraft der Stimme und dem vergeblichen Bemühen in aller Schärfe hervortreten.[2] Und damit ist die Grundspannung dieses Gedichts von vornherein aufgebaut: Die Kunst des Sängers, die auf Feier, auf Gelingen einer schönen Absicht aus ist, und das Scheitern, das Vergebliche, das sozusagen schicksalhaft (vgl. *nec felix omen*, v. 5) dagegen gerichtet ist.[3] „Die Stimme des Orpheus steht auch unter dem Zeichen des Vergeblichen." So Römisch, seine Bemerkung verdient Beachtung für alles Weitere. Allerdings ist auch das Moment der Schicksalhaftigkeit, das hier schon fassbar wird und sich als immer stärker den Mythoskern bestimmend entwickelt, mit Nachdruck zu betonen.[4]

Während der Erarbeitung dieser Ergebnisse entsteht etwa folgende Tafelskizze:

... 2 aethera digreditur Ciconumque Hymenaeus ad oras – ∪∪ – ∪∪ – ∪∪ – ∪ ∪ – ∪ ∪ – – 3 tendit et Orphea nequiquam voce vocatur – ∪ ∪ – – – – – – – ∪ ∪ – ∪̇ 4 Adfuit ille quidem, ‖ sed nec sollemnia verba – ∪∪ – ∪ ∪ – ‖ – – – – ∪∪ – ∪̇ 5 nec laetos vultus nec felix attulit omen. – – – – – – – – – ∪∪ – ∪̇ schicksalhafte Spannung zwischen Festlichkeit, Heiterkeit und Unglück, Trauer (Einheit von Form und Inhalt)	*Rhythmus:* heiter, beschwingt ↑ plötzlich ↕ retardiert ↓ schwer, bedrückend

[2] „Spondeen, das resignierende *nequiquam*, die figura etymologica *voce vocatur*, das Verbum *vocatur*, jetzt am Schluss, malen die Vergeblichkeit des Rufens, Aussichtslosigkeit und drohendes Unglück." (so Gugel, Orpheus' Gang in die Unterwelt, 42)

[3] Man kann, um diese Feststellung zu unterstreichen, auch auf den Tempuswechsel vom Präsens (*digreditur, tendit, vocatur*) zum, wie Gugel a. O. 43, sagt, „endgültig abschließenden Perfekt" (*adfuit, attulit, fuit*) hinweisen.

[4] Das ist von allen Interpreten, soweit sich sehe, nicht oder zu wenig herausgearbeitet worden.

Der Text v. 1–10 ist semantisch, von den Bedeutungen der Wörter her, so angelegt, dass immer stärker eine Atmosphäre spürbar wird, die einen schicksalsbedingten, unglücklichen Ausgang erahnen lässt. Ein Sachfeld, unter der Frage zusammengestellt „Welche Wörter deuten auf einen unglücklichen Ausgang hin?“, macht das augenfällig:

— die Fackel, deren Rauch Tränen erregt und trotz Bewegung kein Feuer fängt,
— der Ausgang, der schlimmer ist als das Vorzeichen,
— der Schlangenbiss und der Sturz der jungverheirateten Frau.

An der Klimax: *lacrimosus — exitus — occidit* deuten allein schon die verwendeten Wörter an, welcher Eindruck auf den Leser gemacht werden soll: Tränen — (schlimmer) Ausgang — Todessturz. Am Ende also steht der Tod des Mädchens. Der Hochzeitsgott lässt, wie eben die vorausgehende Geschichte von Iphis und Ianthe zeigt, hohe Zeit, Feststimmung erwarten. Das Schicksal steht hier dem entgegen, verkehrt alles in Trauer.[5] Die Dialektik zwischen Freude, Glück einerseits und Trauer, Tod andererseits bestimmt von Anfang an den ovidischen Mythos von Orpheus und Eurydike. Diese Einsicht lässt sich als Ergebnis der beiden ersten Stunden am Text gewinnen. Und sie kann durch ein Rezeptionsdokument vertieft werden:

Venezianer Holzschnitt: Orpheus und Eurydike.

Dieser venezianische Holzschnitt hält die gleich von Anfang der Geschichte an vorherrschende Spannung im Bild fest: eine Hochzeitsgesellschaft, äußerlich intakt, von Musikklängen umgeben, von innen her in banger Ahnung — man erkennt es an den weit und schreckhaft geöffneten, seitwärts blickenden Augen. Rechts Eurydike, von der Naiadenschar begleitet, wie sie gerade auf die Schlange tritt. Im Hintergrund Orpheus, der einem Ankömmling in der Gon-

[5] „Im Gegensatz dazu scheint die Liebe von Orpheus von vornherein unter einem Unstern zu stehen.“ So v. ALBRECHT, Interpretation, 94.

del entgegenspielt; es mag Hymenaeus sein; die Szenerie „Fluss und Fährmann“ erinnert unwillkürlich an Charon, so dass Hochzeit und Unterwelt, Freude und Tod hier im Bild stimmungsmäßig zusammengenommen sind.

1.4 *Die Gesamtdeutung des Textes*

Die weiteren Verse werden hier nicht mehr in Stundeneinheiten aufgeteilt; wir versuchen sofort eine Gesamtdeutung des Textes, die sich an der vorgegebenen Gliederung des Textes (s. S. 69) orientiert. Das Tafelbild S. 69 unterstützt die Interpretation.

a) Teil I: Freude in der Erwartung des Hochzeitsfestes

(ist bereits eingehend, s. o. 65 ff., bearbeitet; die Ergebnisse sind Grundlage für die Deutung der anschließenden Teile.)

Der Aufbau der Geschichte

I.	II.				III.
Freude in Erwartung des Hochzeitsgottes	*Der Sänger Orpheus in der Unterwelt* (Konfrontation von amor und fatum)				*Trauer* des Orpheus nach vergeblichem zweiten Versuch
	a)	b)	c)	d)	
Ungünstige Vorzeichen: Tod der Eurydike	Wagnis des Unterweltbesuchs	Rede und Gesang vor den Unterweltbewohnern	Reaktion der Unterwelt *donum – lex*	Schuld und Misserfolg: Eurydikes „zweiter“ Tod	Klage über die Grausamkeit der Erebus-Götter
nequiquam			*inrita*		*frustra*
1–10	11–16	17–39	40–52	53–63	64–77
Existenzielle Spannung des menschlichen Lebens					

b) Teil II: Der Sänger Orpheus in der Unterwelt

Orpheus’ Wagnis des Unterweltbesuches (v. 11–16)

Der Tod seiner jungen Frau macht Orpheus traurig, lässt den Sänger weinen (vgl. *deflevit,* v. 12). Die Intensität seines Gefühls, aber auch seine Stellung als zaubermächtiger Sänger drängen ihn, Ungewöhnliches zu wagen. Er möchte Eurydike zurückholen. Er will deshalb in die Unterwelt hinabsteigen, um auch das Schattenreich nicht unversucht zu lassen: *ne non temptaret et umbras* (v. 12). Er wagt es, sich auf den langen Weg dorthin zu machen, und wandert durch die taenarische Pforte zum Styx hinab. Dieser Weg in die Tiefe ist dunkel und düster, führt vorbei an körperlosen, schemenhaften Völkern (*leves populos,* v. 14), an wesenlosen Schattenbildern von Bestatteten (*simulacra sepulcris defuncta,* v. 14) hin zu Persephone und zum Herrscher des unwirtlichen Reiches der Schatten (*tenentem inamoena regna umbrarum,* v. 15).

In der „lichtlosen Dumpfheit der Totenwelt“[6] setzt sich die in den Versen 1–10 allmählich anbahnende Verdüsterung[7] der Szene fort und erfährt hier die höchste Steigerung.[8] In dieser extrem dem Leben und der Freude abgewandten Situation greift Orpheus zur Leier und singt, an Götter und Bewohner des Totenreiches sich wendend; hier nun tritt die bereits bemerkte Spannung zwischen Freude und Leid, Leben und Tod übermächtig hervor.

Orpheus' Rede und Gesang in der Unterwelt (v. 17–39)

Was Orpheus vor den Wesen der Unterwelt sagt oder (besser:) singt, ist von rationaler und emotionaler Kraft. Dadurch, dass er einerseits zur Leier singend sein „Plädoyer“[9] hält, er andererseits mit dem Zaubergesang der Rede Wucht verleiht, überlagern sich diese beiden Kräfteebenen ständig; Orpheus argumentiert im Gesang.[10] Die rhetorisch angelegte[11] Argumentation des Sängers apostrophiert das Schattenreich der Toten als Schicksalsreich, in das alles zurückfällt, was als sterblich geboren. Nicht um dieses Reich zu sehen, auch nicht, um — wie einst Herkules — seinen Hüter Zerberus, die drei schlangenzottigen Hälse des medusischen Scheusals zu fesseln, sei er gekommen. Der Grund für seinen Abstieg in die Unterwelt sei seine Gattin (*causa viae est coniunx,* v. 23), ihr Tod durch den Schlangenbiss, den er vergeblich zu ertragen versucht habe. Die Liebe war mächtiger (*vicit Amor,* v. 26). Dieses Gefühl habe ihm den Mut zu seiner Tat gegeben, und auch das Wissen, dass die in der Oberwelt allseits bekannte göttliche Macht der Liebe auch der Unterirdischen

---

6 So Römisch, Metamorphosen, 48.

7 Treffend dazu Brunner, a. O., 10: „Ovid zeichnet ein Bild des Grauens und der Düsterkeit.“ *Römisch* (Metamorphosen, 49) spricht von einem „deprimierenden Eindruck“, dem Orpheus *begegnet.* Gugel (a. O., 45, Anm. 2) arbeitet heraus, dass in dem womöglich von Ovid neu gebildeten Wort *inamoena* der Gegensatz zur „hellen Weite der Oberwelt“ erfasst ist.

8 Schülern wird dies bewusst, wenn sie — etwa als Ergebnis einer Stunde — das Sachfeld der Unterweltsbeschreibung anlegen; vgl. dazu Meusel, H.: Zur Wortschatzarbeit bei der Ovidlektüre. In Römisch, E., Metamorphosen Ovids, 136 ff., bes. 148.

9 So Diller, H.: Die dichterische Eigenart von Ovids Metamorphosen. In: Ovid. WdF, Bd. XCII (hrgs. von Albrecht, M. v./Zinn, E). — Darmstadt 1968, 332 ff.

10 Gugel, a. O., 46, weist auf diese eigenartige Redesituation hin, indem er *ait* (v. 17) und *ad carmina pulsis nervis* in einer sachlichen und sprachlichen Antithese sieht. Vgl. dazu auch Römisch (Metamorphosen, 49): „Er singt ein Lied, und dieses Lied hat einen Text, besteht also aus Worten, dient der Argumentation, besitzt einen rationalen Teil, der begründen, überzeugen, überreden soll: Aber diese Argumente werden gesungen, mit der Leiher begleitet: so wird nicht nur die ratio angesprochen, sondern es werden Emotionen geweckt, zu deren Entbindung rationales Argumentieren nicht ausreicht.“

11 Die einzelnen Stufen des kunstvollen Redeaufbaus sind bei v. Albrecht (Interpretationen, 94 f.) angedeutet. Siehe dazu auch Naumann, H.: Ovid und die Rhetorik. In: AU 4/68, 86. Dass man die ovidische Gestaltung aber nicht allein unter dem rhetorischen Gesichtspunkt sehen darf, wird mehrfach betont, etwa von Römisch, Metamorphosen 58, von Gugel, a. O., 51; allgemein: Fränkel, H.: A poet between two worlds. — Berkley/Los Angeles 1945, 273. „Es scheint, dass Ovid nicht nach ‚Rhetorik‘ strebte, sondern nach äußerster Aufrichtigkeit und Einfachheit des Ausdrucks.“ Vgl. auch Seel, O.: Weltdichtung Roms zwischen Hellas und Gegenwart. — Berlin 1965, 394 ff.

nicht unbekannt sein dürfte, sofern die Kunde vom Raub der Proserpina durch Pluto wahr sei. Auch die Herrscher der Unterwelt hat die Liebe verbunden: *vos quoque iunxit amor,* v. 27. Der Appell an den gleichen Grundton des Gefühls schafft den emotionalen Raum, in dem Orpheus im Anblick des angsterfüllten Ortes, des gewaltigen Chaos und des Reiches des Schweigens seine beschwörende Bitte vorträgt, das zu schnell gekommene Todesschicksal seiner Frau wieder rückgängig zu machen: *Properata retexite fata* (v. 31): „Das Schicksalsgewebe soll für Eurydike aufgelöst werden."[12] Diese Bitte wird geradezu mit juristischer Beweisführung begründet:[13] Dem Totenreich sei alles geschuldet, über kurz oder lang kehre jeder an diesen Wohnsitz zurück, in die für jeden letzte Behausung; die Unterweltsgötter hätten ja die längste Herrschaft in Händen.

Diese ihnen zu Recht zustehende Macht wolle er, Orpheus, nicht antasten. Wenn er Eurydike zurückverlange, so nur als Leihgabe, zur „Nutznießung", (Römisch, 57), zum „Nießbrauch" (Gugel, 50) (*pro munere poscimus usum,* v. 37), nicht als Geschenk. Sobald sie die ihr rechtmäßig zustehenden Jahre (*iustos annos,* v. 36) hinter sich gebracht habe, werde sie wieder dem Rechtsbereich des Todes anheimfallen. Orpheus erkennt Recht und Herrschaft der Unterwelt an; was er beklagt, was er anklagt, ist, dass Eurydike zu früh starb, dass sie die ihr zubemessenen Jahre nicht zu Ende leben durfte. Was er nicht anerkennt, ist die Macht des Schicksals, das an kein Gesetz gebunden ist, so dass der Zeitpunkt seines Eingreifens in das menschliche Leben dem Wissen des Menschen nicht fassbar wird: Der Mensch hat — das ist das große Missverständnis des Orpheus bezüglich des „Naturrechts des Menschen auf ein Leben"[14] — kein Recht, für sich oder einen anderen eine „rechtmäßig" bemessene Lebensdauer in Anspruch zu nehmen. Im Grunde ist Orpheus' Wagnis nicht auf die Totenwelt und deren Herrscher gerichtet, es wendet sich an oder gegen das Schicksal, die *fata*; was schon äußerlich daran erkennbar wird, dass der Begriff *fata* zweimal an hervorgehobener Stelle begegnet:

v. 31: *Eurydices, oro, properata retexite* **fata**
v. 38 f: *Quod si* **fata** *negant veniam pro coniuge, certum est*
nolle redire mihi: leto gaudete duorum!

Beide Stellen stehen in einem engen Bezug: in v. 31 bezeichnet *fata* das Todesschicksal, den Tod selbst, der vom Schicksal in das „Gewebe des Lebens" eingearbeitet ist und von diesem wieder zurückgenommen werden soll; in v. 38

---

[12] So treffend gedeutet durch v. Albrecht (Interpretationen, 95). Vgl. auch denselben: Der Teppich als literarisches Motiv. In: Deutsche Beiträge zur geistigen Überlieferung 7 (1972), 51 ff.

[13] Nach Naumann (a. O., 82) hält hier Orpheus „ein juristisches Plädoyer im Stil der Suasorie"; allerdings erscheint diese Charakterisierung zu einseitig, da sie die besondere Redesituation (Vortrag im Lied, emotionale Dimension) nicht berücksichtigt.

[14] Nach v. Albrecht (Interpretationen, 95) begründet Orpheus „hier ein Menschenrecht mit Argumenten aus der Natur. Die Allmacht des Todes findet ihre Grenze im Naturrecht des Menschen auf ein Leben, das voll ausgereift ist". Es fehlt der Hinweis, dass Orpheus hier mit seiner Argumentation falsch liegt; dieser Ansatz ist auch juristisch nicht haltbar. Er ist allenfalls als eine subjektive Annahme des Betroffenen zu verstehen, wie es etwa Gugel (a. O., 47) ausdrückt: „Orpheus hat sich zwar unter das Gesetz allen Lebens gestellt, aber er deutet damit zum ersten Mal an, dass ihm hier ein Recht verletzt zu sein scheint, das Recht des Menschen, seine Jahre zu leben."

meint *fata* die waltende Schicksalsmacht, die dem Menschen Nachsicht, Huld, Gnade (*venia*) zeigen kann.

Wenn in diesem Falle das Schicksal die erflehte Gnade für die Frau versagt, so will Orpheus nicht zurückkehren, er will auch des Todes sein — eine trotzig-aggressive[15] Herausforderung an das Schicksal, das bezwungen werden soll. Da wird nun ein schon in der Antike bekannter Mechanismus fassbar, demzufolge beim Tode des oder der Geliebten auch der Partner des Liebesverhältnisses sich das Leben nimmt (wir denken an die Geschichte von Pyramus und Thisbe, später Romeo und Julia);[16] dieser Mechanismus wird hier in der Auseinandersetzung von Mensch und Schicksal gewissermaßen funktionalisiert, insofern ihn Orpheus als Drohung, als psychologisches Druckmittel gegen das Schicksal einsetzen zu können glaubt.[17] So enthält die hier aufbrechende menschliche Problematik eine tiefe existenzielle Dimension: Kann der Mensch dem Schicksal drohen? Kann er es so zu einer bestimmten Aktion oder Reaktion zwingen? In dieser drohenden Gebärde gegen das Schicksal bricht Irrationales durch — vor dem Hintergrund der rational geführten Argumentation wirkt dies umso nachhaltiger: Es ist der verzweifelte Ausdruck eines Menschen, „der sich um eine sinnvolle Existenz betrogen sieht", wie EGON RÖMISCH treffend formuliert.[18] Orpheus trägt, wie wir sagten, seine Rede (mit dem herausgearbeiteten Inhalt) singend auf der Leier vor; also Rationales verbindet sich mit Irrationalem in dem auf Gefühlsregungen ausgerichteten Vortrag des Sängers. Wie ist nun die Reaktion der Zuhörer?

Die Reaktion des Unterweltbewohner (v. 40–52)

Die blutlosen Seelen weinen. Tantalus greift nicht nach der zurückweichenden Woge; Ixions Rad steht still, die Geier reißen nicht an der Leber des Tityos; die Krüge der ewig schöpfenden Beliden sind ohne Wasser; Sisyphos bleibt auf seinem Felsen sitzen. Ja erstmals, so die Kunde, sollen sich die Wangen der Rachegeister, der Eumeniden, die ja eigentlich Erinnyen heißen, mit Tränen befeuchtet haben. Warum werden diese Figuren, vor allem die leidenden Sträflinge, mit ihren Reaktionen vom Dichter in die Szene eingebaut? Sicherlich auch, wie überall in Unterweltsschilderungen, um „das unsagbar Schreckliche dieses Ortes zu illustrieren, wie es OTTMAR BRUNNER ausdrückt.[19] Doch bestimmt auch deswegen, um den Eindruck, den die bezaubernde Kraft des Sängers hervorruft, gefühlsmäßig spürbar zu machen. Orpheus, der mit seiner ganzen Person als Dichter, Sänger und liebender Mensch gegen die Macht des Schicksals angeht, erzeugt Wirkung.[20] Was sein Erscheinen in der Unterwelt

---

[15] v. ALBRECHT (Interpretationen, 96) spricht zutreffend von einem „aggressiven Schlusssatz".

[16] Soweit ich sehe, ist dieser Mechanismus bislang von keinem Interpreten angemessen gewürdigt worden.

[17] Wohl nicht ganz zutreffend ist GUGELS (a. O., 51) Deutung der Stelle: „Aber es ist nicht so sehr eine Drohung als ein gequälter Aufschrei aus einer übermächtigen Liebe heraus."

[18] Metamorphosen, 58.

[19] a. O., 12.

[20] Ovid geht es nach GUGEL (a. O., 52 f.) darum, Orpheus' Wirkung auf die Zuhörer auszumalen. „Wohl durch nichts anderes hätte Ovid die Macht der Musik, die der

in Bewegung bringt, spiegelt sich in den Reaktionen der dort heimischen Wesen. Die Wirkung seiner Kunst soll als so stark empfunden werden, dass selbst die größten Büßer der Menschheit in den ihnen vom Schicksal aufgebürdeten Strafarbeiten für einen Augenblick der Ewigkeit innehalten und sich sogar die immer harten Rachegeister zu Tränen erweichen lassen. Was Orpheus hier zustande bringt, ist so neu, so unerhört wie der die Natur revolutionierende Flug des Dädalus und Ikarus durch den Himmel.[21] „Die im Hades gewohnte Ordnung wird völlig erschüttert."[22] Wir werden später noch einen weiteren tieferen Grund erkennen, warum hier gerade diese Gestalten vorgeführt sind. Zunächst: Das Geschehen entwickelt sich so, dass sich Persephone und Pluto den flehenden, solche Wirkung erzeugenden Bitten nicht versagen können. Diese Szenerie, in der das Betroffensein, die Rührung der Unterweltsbewohner eingefangen ist, drängt gerade dazu, ins Bild umgesetzt zu werden. Wenn Schüler je von Texten auch in ihren Gefühlen erfasst werden, dann hier, man sollte sie dazu anhalten. Das gezeichnete Bild z. B. kann den Eindruck verstärken.[23]

Schülerzeichnung

Gesang des Orpheus verströmte, stärker spüren lassen können als gerade in dieser Wirkung." Auf den Grund dieser Reaktionsbeschreibung gehen RÖMISCH und v. ALBRECHT nicht ein. In v. ALBRECHTS Bemerkung (a. O., 96), es biete sich hier „ein ergreifendes Bild für die, wo nicht erlösende, so doch hindernde Macht des Gesanges", wird die Begründung indirekt, aber nicht genügend erkennbar.

21 Wo etwa in der antiken Literatur ist beschrieben, dass die Unterweltbüßer in ihren Strafarbeiten aussetzen? Außerdem: „In der Tat gibt es m. W. vor Ovid keine Stelle, in der so umfassend gesagt wäre, dass die Schatten der Unterwelt weinen." (GUGEL, a. O., 53).

22 So BRUNNER, a. O., 12 (nach RÖMISCH, Metamorphosen, 59 f.).

23 Zur didaktischen Funktion der Schülerzeichnung (als „produktive Konkretisation") s. genauer Verfasser, Lateinunterricht Bd. 2, 258.

La Fage-Rosaspina:
Orpheus in der Unterwelt.

Zudem gelingt es vielleicht, durch die Kontrastierung dieser Zeichnung mit einem Dokument der Rezeption (etwa Gemälde von La Fage-Rosaspina) die von Dichter beabsichtigte Atmosphäre besser spüren zu lassen (was für die Interpretation der gesamten Geschichte bedeutsam ist): das von Ovid gestaltete Dunkle, Grausame, ganz und gar Unidyllische, Unromantische, die Kälte des Totenreiches, in die hier ein kunstbegabter Mensch eingedrungen ist.[24]
An dieser Stelle muss auch gesagt werden, dass die betörende Kraft des Liedes, mit der Orpheus im Reich des Dunklen Wirkung erzielt, der Anstoß für eine wirkungsträchtige Auseinandersetzung der Musik mit diesem Gegenstand geworden ist — ein Appell an den Lehrer, hier schon ein gut ausgewähltes Beispiel für die musikalische Rezeption des Mythos im Unterricht zu Gehör bringen.[25]

Schuld und Misserfolg des Sängers (v. 53–63)

Der Fortgang der Geschichte erweckt den Anschein, als ob der Sänger in seinem Widerspruch oder Einspruch gegen das Schicksal Erfolg hätte. Eurydike wird herbeigerufen, sie weilt noch unter den frischen Schatten und kommt (wegen des Schlangenbisses) mit langsamem Schritt (*passu de vulnere tardo,* v. 49) herbei. Die Unterweltbeherrscher geben Orpheus seine Frau zurück. Er erhält mit ihr aber zugleich die Bedingung (*lex,* v. 50), sich nicht nach ihr umzuschauen, bis sie die avernischen Talschluchten hinter sich gelassen hätten. Andernfalls würde das Geschenk zunichte sein (*inrita dona futura,* v. 52). Orpheus und Eurydike gehen zur Oberwelt. Der Weg, den sie nehmen, ist in Schweigen gehüllt, steil, dunkel, führt durch dichte Finsternis; eine Atmosphä-

---

[24] Der Vergleich der Bilder („synthetische Konkretisation“, s. ebenda Bd. 2, 258) sollte mit der Frage: „Welches der beiden Bilder gibt die Atmosphäre des Ovidtextes zutreffender wieder?“ eingeleitet werden. Es kommt darauf an zu erkennen, dass das eher idyllisierende, romantisierende Bild von La Fage-Rosaspina dem Ovid-Text nicht so gerecht wird wie die Schülerzeichnung.

[25] Zum Abschluss dieser Partie des Textes lässt sich wirkungsvoll eine entsprechende Stelle aus der Oper von Gluck oder von Orff vorführen. Dem Schüler muss einsichtig werden, dass eben diese in Form und Inhalt wirkungsvoll gestaltete Szene der Anlass war, die Ovid-Geschichte gerade auf dem Gebiet der Musik so rezeptionsträchtig zu machen.

re der Unwirtlichkeit und der befremdenden Härte umgibt die Aufsteigenden. Die Szene wird noch düsterer.[26] Nicht mehr weit entfernt vom Rand der Oberwelt schaut Orpheus sich um. Warum? Der Liebende hat Angst, die Geliebte könnte ermatten, und er ist voll Verlangen, sie zu sehen:

hic, ne deficeret, metuens avidusque videndi
flexit amans oculos ... (v. 56 f.)

Das ist also der oftmals in Bild und Ton festgehaltene Augenblick des Umschauens, mit dem wir auch das Projekt eingeleitet haben. Die Folgen stellen sich sofort ein: Eurydike entgleitet Orpheus auf der Stelle wieder, sie streckt ihre Arme aus, bemüht, zu ergreifen und ergriffen zu werden, doch sie fasst nichts als zurückweichende Luft.[27]
Eurydike stirbt ein zweites Mal (vgl. *iterum moriens,* v. 60); diesmal ist Orpheus an ihrem Tod schuld; doch sie klagt nicht über ihren Gemahl; sie hätte sich nur über seine Liebe beklagen können. Ein letztes „Lebe wohl!" haucht sie ihm zu. „Eine Begrüßung der Liebenden hatte nicht stattgefunden."[28] Die Geliebte verschwindet wieder dorthin, woher sie gekommen: *revolutaque rursus eodem est.*

c) Teil III: Die Trauer des Orpheus

Orpheus erstarrt; ein zweiter Versuch, in die Unterwelt zu gehen, wird ihm versagt; er bittet vergebens darum (vgl. *orantem frustra,* v. 72).[29] Sieben Tage trauert er, ohne zu essen. Der Dichter will andeuten, dass Orpheus „Eurydikes Tod innerlich miterlebt, gleichsam mit ihr stirbt".[30] Der erfolglose Sänger klagt die Grausamkeit der Götter des Erebus an (*deos Erebi crudeles questus,* v. 76) und zieht sich, aller Frauenliebe entsagend, zum Rhodope-Gebirge zurück, wo er bald ums Leben kommt.

---

[26] Richtig stellt v. ALBRECHT (Interpretationen, 96) fest: „Bei der Schilderung des Aufstiegs häufen sich Adjektive, die Dunkelheit, Schwierigkeit und düstere Stimmung charakterisieren." Hier sollte nun das für die Verse 13 ff. angelegte Sachfeld der Unterweltbeschreibung von den Schülern vervollständigt werden. Vgl. dazu auch GUGEL (a. O., 56 f.): „Ausführlich malt der Dichter ... den beschwerlichen Weg, seine Schwierigkeit und beängstigende Dunkelheit, was nicht zuletzt auch in den gehäuften Spondeen, den dunklen Vokalen und Alliterationen seinen Ausdruck findet."

[27] Mit v. ALBRECHT (Interpretationen, 96) beziehe ich (im Gegensatz zu GUGEL u. a.) die Verse 58 f. auf Eurydike: „Nur zu Eurydike passt auch der Wunsch, sich festhalten zu lassen (*prendi*)."

[28] So RÖMISCH, Metamorphosen, 63.

[29] Auch hier liegt wieder die Betonung auf dem Wort *frustra,* so dass auch vom Schluss her nochmals ein Licht auf den inhaltlichen Schwerpunkt der Geschichte fällt. Deshalb würde ich hier nicht, wie GUGEL a. O., 20, von einem „Nachspiel" sprechen, der Schlussteil gehört essentiell zur Geschichte; freilich kann man für die Schullektüre die Sagenvergleiche (v. 69–71), in denen der Dichter das „entsetzte, fassungslose Erstarren" des Orpheus (GUGEL, a. O., 20) verdeutlicht, weglassen oder in Übersetzung bieten.

[30] So v. ALBRECHT, Interpretationen, 97.

1.5 *Ovids Text im Vergleich mit Rezeptionsdokumenten*

a) Die Situation des Umschauens

Vergleichen wir zunächst den Ovid-Text mit den beiden Bildern, die die Lektüre eingeleitet haben. Sie erfassen den Punkt des Geschehens, wo Orpheus durch das Umschauen seine Absicht und seine Hoffnung zunichte macht: es ist der Angelpunkt der Geschichte. Das neapolitanische Relief hat hier anders als Ovid den Seelengeleiter Hermes hinzugefügt. Auch MARCKS hat Hermes in seine Bildkonstellation aufgenommen. Dieser Unterschied weist auf die Andersartigkeit der Atmosphäre hin, die der römische Dichter aufbauen will.[31] Die dritte Person löst das Alleinsein, die Vereinsamung der beiden Gestalten auf. Im Relief greift Hermes um den Arm Eurydikes, die ihrerseits den den Schleier wegziehenden Orpheus an der Schulter berührt. Und Hermes fasst sie, wie es LUDWIG CURTIUS deutet, „nicht derb zufassend, sondern nur mit dem Finger berührend, um sich der Unterirdischen wieder zu bemächtigen".[32] Diese „wechselseitigen Berührungen sind Zeichen der Verbindung (Orpheus und Eurydike) oder der Zugehörigkeit bzw. des Verfallenseins (Eurydike und Merkur)."[33] Eine Stimmung der menschlichen Wärme breitet sich um die Szene, die auch im Holzschnitt von MARCKS spürbar ist, wiewohl hier die Figuren voneinander getrennt sind: Die Lichtsichel über dem Kopf des Hermes nimmt dem Dunkel des Weges die Härte. Bei Ovid berühren sich Eurydike und Orpheus trotz allen Bemühens nicht; die Frau fällt, ohne von einem Begleiter geführt zu werden, zurück in das wesenlose, düstere Schattenreich, in die Kälte des Orkus. Die einzige menschliche Verbindung ist das gehauchte ‚*Vale*', das aber kaum noch an die Ohren des anderen dringt. Worauf kommt es Ovid an? Der Kontrast zu den Bildern mag es spürbar machen: Wie alle Benennungen zeigen, mit denen der Weg zur Unterwelt, diese selbst und der Rückzug zur Oberwelt gekennzeichnet wird, das Totenreich ist ein Ort des Schreckens, des Schweigens, der Dunkelheit, der Härte und Kälte, allem Lichten, Freudvollen, allem Persönlichen fern.[34] In diese Welt ist ein Mensch eingedrungen und hat sie durch seine übermenschliche Kraft der Rede und des Gesanges für einen Augenblick der Ewigkeit anders sein lassen; in diesem Augenblick wurde Eurydike, die schon Teil dieser Welt war, aus ihr freigegeben, doch ihre Entlassung kommt zu keinem glücklichen Ende; Eurydike wird fast brutal zurückgerissen; sie war ihrem Schicksal nicht zu entreißen. Ovid demonstriert die Härte des im Totenreich waltenden Schicksals. Dieses harte Zugreifen des Fatums verändert Orpheus. Er betritt am Anfang zaubermächtig, alles betörend, die Unterweltsszene, gleichsam durch seine Kunst über das Menschliche hinausgehoben.

---

[31] Das neapolitanische Relief (wie auch MARCKS' Holzschnitt) lässt sich allerdings nicht als Illustration zur Ovidstelle verwenden, sondern nur zum Kontrast (wie auch RÖMISCH, Metamorphosen, 63, feststellte). Der kontrastierende Vergleich dient hier (als „synthetische Konkretisation", s. Lateinunterricht, Bd. 2, 258) dazu, den Originaltext in seiner Eigenart besser zu erfassen.

[32] Interpretation von sechs griechischen Bildwerken. — Bern 1947, 101.

[33] RÖMISCH, Metamorphosen, 64.

[34] Zutreffend drückt die aus der Kontrastierung mit dem Neapler Relief erkennbare Eigenart des Ovidtextes EGON RÖMISCH (Metamorphosen, 64) aus: Man spüre „die ‚menschliche' Wärme des einen, die distanzierte Kälte des anderen".

Dort selbst, in der Unterwelt, zeigt Orpheus — das ist seine poetische Funktion — als Argumentierender, Liebender, Bittender, Zorniger, Drohender sein Wesen als Mensch, ein Wesen, das bleibt, nach seinem Misserfolg. Der übermenschliche Künstler, das Genie, enthüllt seine irdische Kreatur dadurch, dass er wie jeder andere an der Allmacht des Schicksals, an der Grausamkeit der Götter des Erebos abprallt. Wiederum erkennen wir die Parallele zur Ikarus-Gestalt: Ikarus übersteigt gleichfalls kraft einer Kunst (der *ars* des Flügelbaus) die den Menschen gesetzten Grenzen; er wird — sein Schicksal — zurückgeworfen vom Himmel zur Erde, wo er stirbt, auch er in seiner irdischen Kreatur bloßgestellt.
Man kann den Aufbau der Episode „Orpheus und Eurydike" bei Ovid durchaus als „Ringkomposition" darstellen, wie es Ottmar Brunner vorschlägt:[35]

Schematische Übersicht über den Handlungsverlauf
— Ringkomposition —
(nach Ottmar Brunner)

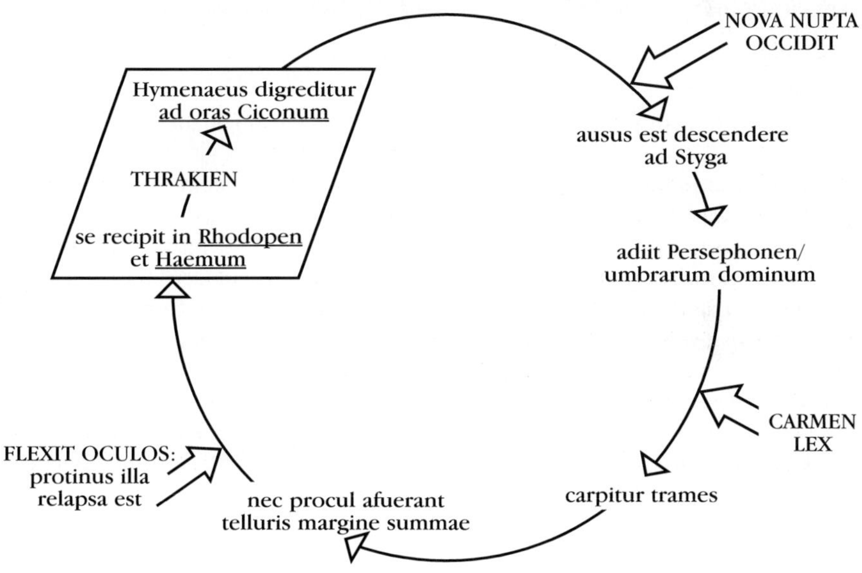

Allerdings ist festzustellen: Im Kreise dieser Vorgänge um ihn erfährt Orpheus einen Wandel: Aus dem weinend-singenden, mutig-trotzigen Künstler wird ein trauernder, klagender Mensch, der sich enttäuscht in das Rhodope-Gebirge zurückzieht und dort stirbt.

[35] a. O. 19, s. dort auch Anhang 6.

b) Das Motiv des Umschauens

Offensichtlich hat den Leser dieser Geschichte zu allen Zeiten eine Frage bewegt und zu jeweils verschiedenen Neuansätzen geführt. Sie lautet: Warum hat Orpheus umgeschaut und damit das ihm auferlegte Gesetz gebrochen?[36] Die ovidische Begründung („aus Angst, sie könnte schwach werden, und, weil er sie aus Liebe zu sehen verlangt") wirkt, vordergründig betrachtet, angesichts der Folgen einer totalen Frustration kaum überzeugend, naiv, fast läppisch (Warum hat Orpheus nicht die paar Augenblicke bis zur Oberwelt noch warten können?).[37] Der Vergleich mit den Begründungen bei anderen Autoren[38] lässt vielleicht auch hier Ovids Deutung tiefer erfassen.

Autor	*Begründung*
Vergil (1. Jh. v. Chr.)	aus Wahnsinn, plötzliches Vonsinnensein
Seneca (1. Jh. n. Chr.)	aus echter Liebe oder aus Misstrauen
Angelo Poliziano (15. Jh.)	aus jubelnder Begeisterung für die Frau
Calzabigi (Vorlage für Gluck, 18. Jh.)	wegen Provokation durch das Liebesverlangen der Eurydike
Kokoschka (20. Jh.)	aus Eifersucht auf Hades

Diese Begründungen sind jede für sich plausibel; doch keine ist so aus der Gesamtatmosphäre der Geschichte entwickelt wie die Ovids. Eurydike ist am Gehen behindert (vgl. *passu de vulnere tardo,* v. 49) und muss dort, wo die Unterwelt am düstersten und beschwerlichsten ist, allein den Weg aufwärts gehen (vgl. *trames acclivis, arduus, obscurus, densus,* v. 53 f.). Orpheus' Angst, seiner Frau könnten die Kräfte versagen, ist angesichts seiner Liebe zu ihr (*amans* steht pointiert zwischen *flexit* ... *oculos*) durchaus verständlich, so dass sich Ovid als ein sehr einfühlsamer Dichter zu erkennen gibt.[39]
Und doch scheint auch seine Lösung unbefriedigend.[40] Gäbe es aber eine bessere? Im Grunde lassen sich wohl kaum andere Motivierungen finden als die genannten[41] — für den Fall, dass man sie allein aus Wesen und Verhalten des Menschen zu erklären versucht.

[36] Unter dieser Frage sind die wichtigsten Nachgestaltungen des Mythos vorzüglich behandelt worden von Olbrich, W.: Warum hat Orpheus sich umgedreht? Variationen zu einem klassischen Thema. In: Anregung 28 (1982), 378 ff.

[37] „So wenig Selbstbeherrschung, ja Verantwortung zeigt der Held ..." Olbrich, a. O., 379.

[38] Quellenzitate bei Olbrich, a. O., 379 ff.

[39] Darauf hat mich zu Recht Dr. Höglbauer, Wien, bei einem Fortbildungsseminar in Saalbach (Österreich) aufmerksam gemacht.

[40] Olbrich (a. O., 379) nennt es ein „psychologisierendes Erklären".

[41] Olbrich (a. O., 384): „Die Erklärungsmöglichkeiten für Orpheus' Versagen sind offenbar ausgeschöpft."

d) Die Suche nach der „Wahrheit des Mythos"

Jedem Leser drängt sich freilich unwillkürlich, vom Dichter gewollt oder nicht, die tiefer greifende Frage auf: Warum verläuft die Geschichte so, dass Orpheus sich umschauen muss? Warum wird überhaupt dieses Gebot aufgestellt, demzufolge er, wenn er sich umdreht, seines Erfolges verlustig geht? Damit sind wir gehalten, uns noch intensiver mit dem Mythoskern auseinander zu setzen oder, wie es WELLEK WARREN ausdrückt,[42] „die Wahrheit des Mythos" zu suchen. Diese Aufgabe lässt sich am ehesten durch den Vergleich mit Nachgestaltungen der Orpheus-Geschichte erledigen. Das tertium comparationis[43] ist dabei das, was Orpheus erreicht oder nicht erreicht.

Der mittelalterliche Dichter **Theoderich von St. Trond** (gest. 1107) lässt die Geschichte so enden:[44]

Numine sic artis fidens industria mentis
Fortiter extorsit a Styge quod voluit.
Sic ars naturam vincit studio mediante
Virtuti dominae cedere cuncta probans.

Bauend auf die Kraft der Kunst hat sein Einsatz des Geistes
tapfer entrissen dem Styx, was er gewollt hat.
So besiegt Kunst die Natur, wenn Eifer dazu kommt,
und beweist, dass der Herrin Tugend alles hintansteht.

Orpheus verhindert hier Eurydikes endgültigen Tod; seine Kunst überwindet die Natur. Der Tüchtigkeit des Menschen, dafür ist der Beweis geliefert, hat alles, selbst der Tod, zu weichen. Das Gesetz der Natur wird durch menschliche Leistung außer Kraft gesetzt. Theoderich „war es darum zu tun, ein Exemplum für die Allmacht von *virtus, labor* und *studium* zu geben".[45]

Bei **Christoph Willibald Gluck** (1762 nach Raniero di Calzabigi)[46] verliert Orpheus seine Eurydike zum zweiten Mal, weil er sich aus Liebe zu ihr umdreht — sie hat ihm vorher Gefühlskälte vorgeworfen, ihn also provoziert. Da sich Orpheus daraufhin selbst töten will (wie er es schon bei Ovid androht: *leto gaudete duorum,* v. 39), erscheint nochmals Eros und verkündet dem standhaften Sänger ein neues Leben an der Seite seiner Frau, die am Leben bleibt.[47]

---

[42] Theorie der Literatur. — Berlin 1963, 168. Ähnlich RAFFAELE PETTAZZONI (a. O., 258): Diese Wahrheit des Mythos „ist nicht logisch, auch nicht historisch begründet, sie ist in erster Linie religiöser und in speziellerem Sinne magischer Natur".

[43] Vgl. dazu näher Verfasser, Lateinunterricht, Bd. 3, 135 ff.

[44] Sein Werk heißt De nummo; es enthält u. a. auch die Orpheus-Episode. Text zugänglich bei OTTO, F. G.: Commentarii critici in codices Bibliothecae Academicae Gissensis Graecos et Latinos. — Gießen 1842, 188 f.

[45] So HEITMANN, K.: Typen der Deformierung antiker Mythen im Mittelalter. Am Beispiel der Orpheussage. In: Romanistisches Jahrbuch XIV (1963), 61.

[46] Orfeo ed Euridice. Italienischer Text mit deutscher Übersetzung in der Schallplattengesamtaufnahme Teldec SAD 22093/94. Der Text der Oper von Gluck ist am ehesten zugänglich in der Reclam-Ausgabe Nr. 4566 (hg. von W. ZENTNER). — Stuttgart 1977.

[47] Eros erweckt Eurydike „zu neuem Leben und schenkt beiden als Lohn für treue Liebe glückliche Vereinigung". So OLBRICH, a. O., 383.

(3. Aufzug, zweiter Auftritt)

Eros *(entwaffnet Orpheus).* Sag an, was tust du?
Orpheus.
Und wer bist du, der sich so dreist vermessen,
Meine Klagen hier zu stören, die mir der Schmerz entpresst?
Eros. Banne dies wilde Rasen, sei ruhig!
Eros erkenn in mir wieder!
Orpheus. Ha, du bist's! Wohl erkenn' ich dich.
Des Jammers Wahnsinn hielt meine Sinne umfangen.
Weshalb erschienst du zu so schrecklicher Stunde?
Was wünschest du?
Eros. Dich zu beglücken!
Geduldet hast du genug für Kupidos Ruhm,
Und dein soll Eurydike wieder sein,
Denn deine Treue hat getrotzt allen Stürmen.
(Eurydike erhebt sich, als erwachte sie aus tiefem Schlafe.)
Siehe, sie atmet, wieder gehört sie dir!
Orpheus. Was seh' ich, ihr Götter? Holde!
Eurydike. Mein Gatte!
Orpheus. Lass dich umarmen!
Eurydike. Ich drücke ans Herz dich wieder!
Orpheus. (*zu Eros*).
Ja, ewig sei dir mein Dank geweiht!
Eros.
Folgt mir, ich führ' euch, ihr zärtlich liebenden Gatten,
Verlasset den Hades, kehrt zurück auf die Erde!
Orpheus. O Tag der Wonne, du güt'ger Eros!
Eurydike. O Stunde unnennbarer Freuden!
Eros. Durch mich lohnt nun Entzücken all eure Leiden!

In den beiden Rezeptionen ist der antike Mythos in seinem Kern verändert: Die Autoren haben eine versöhnliche Lösung gefunden. Im einen Fall verwirklicht die dichterische Imagination die uralte Hoffnung, dass menschliche Kunst und Leistung (*ars, virtus*) das Schicksal des Todes besiegen kann. Im anderen schafft die Illusion der Oper den Raum, in dem sich — entgegen dem antiken Sujet — zur Zufriedenheit der Zuschauer das Glück einer aus dem Tod geretteten Liebe erfüllt. Verglichen damit ist die antike, ovidische Lösung hart und grausam. Ist sie aber unmenschlich, d. h. dem Menschen nicht gemäß? Der einmal gestorbene Mensch wird dort nicht auf die Oberwelt zurückgelassen. Es helfen dem Orpheus weder die Klugheit seiner Argumente noch die alles betörende Kunst seiner Stimme noch die Drohung des Selbstmords. Warum? Eurydike kann nicht zurückkehren, weil noch nie ein Mensch aus dem Totenreich zurückgekehrt ist; der Tod ist unwiderruflich. Dagegen vermögen stärkste Liebe und stärkste Zauberkraft (hier des Gesangs) nichts auszurichten. Zwischen Leben und Tod gibt es im letzten keine Vermittlung. Das ist der tiefere Grund für das Gebot der Unterweltherrscher und für dessen Missachtung: ein Naturgesetz, die Gesetzmäßigkeit der Weltordnung. Zwar trägt Or-

Baldassare Peruzzi: Ein Scherge der Unterwelt reißt Eurydike gewaltsam zurück.

pheus äußerlich die Schuld am „zweiten" Tod seiner Frau. Insofern er trotz bester Absicht versagte, ist seine Situation tragisch. Doch der Dichter, der antike Mythosgestalter, konnte die Geschichte nicht anders enden lassen, weil er jenem unumstößlichen Naturgesetz sein Recht belassen wollte,[48] dies ist ein Zug von poetischer Gerechtigkeit. Wir spüren in dieser Geschichte eine Spannung, die fundamental die griechische Tragödie beherrscht: tragische Schuld und poetische Gerechtigkeit.[49]

Das Naturgesetz, die Weltordnung, die der Dichter aufrechterhalten will, wird als die Macht des Schicksals (*fata*) empfunden. Vom Ende der Geschichte her wird voll einsichtig, warum von den ersten Versen an das Moment des Schicksalhaften vorherrscht. Die Tragik des Todes ist mit dem ersten Tag des Eheglücks gegeben. Es wird nun auch verständlich, dass sich Orpheus nicht so sehr mit den Herrschern der Unterwelt auseinander setzt, sondern mit dem Schicksal, dem er zwar kleine Erfolge abringt, dessen unnachgiebige Härte er aber am Ende zu spüren bekommt; eine Härte, die sich spiegelt in der Erscheinungsweise der Totenwelt wie auch in den inneren und äußeren Vorgängen der Handelnden: im kalten, beziehungslosen Nebeneinander von Orpheus und Eurydike, im fast brutalen Zurückgezogenwerden der Frau in den Orkus (das oben abgebildete Gemälde von BALDASSARE PERUZZI kann davon einen Eindruck geben).

[48] OLBRICH (A. O., 384) kommt zu einem ähnlichen Ergebnis; allerdings begründet er nur den Akt des Umdrehens und nicht den tiefer reichenden Akt der Aufstellung des „Gesetzes". „Orpheus hat sich umgedreht, weil er sich umdrehen musste, weil das Versagen dem Menschen wesensgemäß ist ...". Ein „Triumph" des Menschen über die Naturgesetze" sei nicht möglich.

[49] S. dazu vor allem v. FRITZ, K.: Tragische Schuld und poetische Gerechtigkeit in der griechischen Tragödie. In: Antike und Moderne Tragödie. — Berlin 1962, 1 ff.

Diese „Wahrheit des Mythos“, nach RAFFAELE PETTAZZONI „eine absolute Wahrheit, da es eine Wahrheit des Glaubens ist“,[50] wurde von den Rezipienten in Mittelalter und Neuzeit, jeweils durch Zeitgeist und Ausdrucksmedium bedingt, umgewendet. Im Kontrast zu Ovid lässt sich nun sagen: Indem die späteren Gestalter des Mythos einen humaneren, weil versöhnlicheren Ausgang suchen, erweisen sie sich zugleich als ‚inhuman‘, weil sie das menschlichste aller Gesetze, die Unwiderruflichkeit des Todesschicksals, außer Kraft setzen. Niemand ist gegen den Tod erfolgreich. Auferstehung kommt nicht durch menschliche Leistung zustande. Die Orpheus-Sage ist erst auf dem Wege zur christlichen Auferstehungsbotschaft. Orpheus ist nicht Christus. Und doch oder gerade deshalb hat man ihn schon sehr früh — z. B. in einer Grabstele des 4./5. Jh. n. Chr.[51] — mit Christus identifiziert (s. Abbildung). Es ist zudem bezeichnend, dass die mittelalterliche Religiosität Christus als *verus Orpheus* dem antiken Orpheus entgegenstellt.[52]

Christus-Orpheus, Detail einer Grabstele 4./5. Jh. n. Chr., Byzantinisches Museum in Athen.

Der antike Mythos freilich — und dies sollte ja durch die um den Originaltext konzentrierten Rezeptionsdokumente deutlich werden — enthält eine andere, nichtchristliche Botschaft; es ist die Botschaft des menschlichen Scheiterns. In den drei Hauptszenen des Ovidtextes begegnen nicht zufällig die sprachlichen Ausdrücke dafür: *nequiquam,* v. 4 — *inrita,* v. 52 — *frustra,* v. 64. Das stilistisch und metrisch herausgehobene *nequiquam* schlägt also schon am Anfang das Thema an, das die ganze Geschichte trägt. Die Orpheusgeschichte gibt sich uns als der Mythos vom vergeblichen und sinnlosen Bemühen des Menschen zu erkennen; diese Urerfahrung symbolisiert sich auch in den Unterweltsbüßern Tantalus, Sisyphus, Danaiden, deren Auftreten im Zentrum der Geschichte von daher seine tiefste Begründung erhält.

---

50 a. O., 261.

51 Erhalten ist auch eine Wandmalerei in der Domitilla-Katakombe, Rom, 3. Jh., auf der gleichfalls Orpheus mit Christus identisch gesetzt wird.

52 Vgl. dazu etwa KLEMENT, Interpretierendes Lesen, 15. Zur theologischen Auslegung des Mythos siehe auch HEITMANN, Typen der Deformierung antiker Mythen, 63.

Carl Orff, der bekanntlich in seiner Antike-Rezeption dem Original treu oder sehr nahe bleibt, trifft die im Ovid-Text fassbare Wahrheit, den Kern der Geschichte, wieder in der Mitte. In seiner an Montiverdi anknüpfenden Oper (1930)[53] bleibt Eurydike auf ewig verloren. Das Werk endet mit dem Gesang des Orpheus:[54]

„O lass mich untergehen in deinem Traum, in dir!
In diesem klaglos stillen Dunkel!
Ach, Eurydike, Geliebte,
Quell aller Wonnen, du aller Sehnsucht Qual —
Born aller Tränen, du meiner Liebe Traum,
du meines Herzens ganze Seligkeit!
Eurydike hab' ich verloren,
ewig verloren Eurydike!"

Welches ist also das Thema dieser so rezeptionsträchtigen Orpheus-Geschichte? Gewiss „das Problem der Macht und Ohnmacht des Gesanges"[55] und das „Verhältnis von Musik, Liebe und Tod"[56], doch auch — und, wie wir meinen, mit stärkerer Betonung — die Erfahrung des Verlierens, des Misserfolgs gegenüber dem Schicksal, dem auch eine das menschliche Maß übersteigende Kunst unterliegt.[57] Durch die Art, wie all diese Aspekte — zumal von Ovid — zu einer tragischen Episode verdichtet sind, erhielt der Mythos eine Kraft, die ihn die Jahrhunderte überdauern ließ. In einer Zeit, in der man das Bedürfnis nach einer bildhaft-symbolischen Vergegenwärtigung der den Menschen bewegenden Fragen von neuem verspürt, wird der Mythos von Orpheus und Eurydike weiter aktuell bleiben. Er gehört ohne Zweifel zu den „mythischen Urbildern"[58] der Menschheit oder — noch treffender — zu den „archetypisch in die Psyche Europas versenkten Erinnerungsbildern"[59], gerade an ihm erweist sich zwingend, was man „die Unüberwindlichkeit des Mythos"[60] genannt hat.

[53] Carl Orff: Orpheus, „L'Orfeo". Favola in musica di Claudio Monteverdi (1607). Deutscher Text in freier Nachgestaltung von Dorothea Günther.

[54] Zumindest diese Liedprobe sollte den Schülern zu Gehör gebracht werden.

[55] Darauf legt Michael v. Albrecht (Interpretationen, 94) offensichtlich den Akzent.

[56] So von Gugel (a. O., 59) herausgearbeitet.

[57] Die Rezeptionsgeschichte des Mythos macht deutlich, dass dieser Aspekt des Mythos auch von den nachschaffenden Lesern als am stärksten betont empfunden wurde. „Was wie ein Triumph des Menschen über die Naturgesetze begann — und von der Barockoper mehr oder weniger naiv als solche dargestellt wurde —, endet als tragische Bestätigung der menschlichen Begrenztheit." So Olbrich, a. O., 384.

[58] So Benz, Die Unüberwindlichkeit des Mythos, 125.

[59] So Wuttke, D.: Warburg, Curtius und Latein für Europa. In: Deutsche Tagespost vom 23./24. Dez. 1982, Sonderbeilage, S. VI.

[60] In der WELT (1. 10. 1984: „Pankraz, Prometheus und das Lateinische") wird neuerdings „der Grund für die Beliebtheit der griechischen und lateinischen Mythologie gerade bei der Jugend" damit erklärt, dass „die Wissenschaft, wenigstens was die sogenannten letzten Fragen betrifft, auch nicht mehr herausbekommt als der Mythos". — „Außerdem kann der Mythos nicht veralten ... In der Wissenschaft wechseln die Paradigmen und Modelle, die Götter der Mythologie indessen bleiben. Man kann sie höchstens verschieden interpretieren, nicht verändern. Wer sich an sie hält, hat etwas im reißenden Fluss der Ereignisse, keine windigen Verheißungen und ausgedachten Utopien, sondern ursprüngliches Sein, von dem aus man sich das Verständnis vieler moderner Dinge, von der binären Nomenklatur für Pflanzen und Tiere à la Linné bis hin zur metaphernreichen Naturlyrik, leicht erschließen kann."

1.6 *Weiterführende Literatur*

v. ALBRECHT, M.: Orpheus und Eurydike. In: Consilia: Lehrerkommentare, Heft 7. Interpretationsvorschläge zu Ovids Metamorphosen. — Göttingen 1984, 93 ff.

BRUNNER, O.: Ovids Orpheus-Episode für den Unterricht aufbereitet. Pädag. Seminararbeit (unveröffentlicht).

CURTIUS, L.: Interpretationen von sechs griechischen Bildwerken. — Bern 1947.

DILLER, H.: Die dichterische Eigenart von Ovids Metamorphosen. In: Ovid. WdF Bd. 92 (hrsg. von v. ALBRECHT, M.). — Darmstadt 1982, 312 ff.

DÖRING, J.: Ovids Orpheus. — Basel 1996.

ELLER, K. H.: Ovid und der Mythos der Verwandlung. — Frankfurt 1982.

FRICEK, A.: Welche Erkenntnisse kann der Schüler aus Ovids Metamorphose „Orpheus und Eurydike" für sein künftiges Leben gewinnen? In: MDAV 30.3 (1987), 274.

v. FRITZ, K.: Tragische Schuld und poetische Gerechtigkeit in der griechischen Tragödie. In: ders.: Antike und moderne Tragödie. — Berlin 1962, 1 ff.

GLAESER, R.: Orpheus als Redner. Ein Vorschlag zur Behandlung von Ovid, Met X 15–52 in Klasse 10 oder 11. In: AU 3/95, 26–40.

GREIFF, CHR.: Orpheusmelodie. Griechische Lyrik aus drei Jahrtausenden. – München 1996.

GUGEL, H.: Orpheus' Gang in die Unterwelt in den Metamorphosen Ovids (X 1–71). In: ZIVA ANTIKA XXII (1972), 39 ff.

KERENYI, K.: Orpheus und Eurydike. In: Orpheus und Eurydike (hrsg. von Schondorff, I.) — Darmstadt 1982.

KLEMENT, M. A.: Orpheus und Eurydike. In: Interpretierendes Lesen lateinischer Texte. — Wien 1974, 13–42.

MAIER, F.: Orpheus und Eurydike — ein unüberwindlicher Mythos. Eine Unterrichtseinheit in der Ovidlektüre. In: Lateinunterricht Bd. 3, 132–165.

MAYER, J. A.: Pontes. Begleitbuch zur Lektüre nach übergeordneten Themen. Stuttgart 1968, 15–19.

NAUMANN, H.: Ovid und die Rhetorik. In: AU 4/68, 69 ff.

OLBRICH, W.: Warum hat Orpheus sich umgedreht? Variationen zu einem klassischen Thema. In: Anregung 28 (1982), 378 ff.

PROCHASKA, R. A.: Orpheus mal x. Didaktische Reflexionen. In: AU 3/89, 69–74.

REINHARDT, U.: „Orpheus und Eurydike" — Bilder zum Text. In: AU 3/97, 80–96.

RÖMISCH, E.: Orpheus und Eurydike. In: Metamorphosen Ovids im Unterricht. — Heidelberg 1976, 45 ff.

SCHMIDT-BERGER, U.: Metamorphosen des Orpheus. Eine Leitgestalt europäischer Kulturgeschichte in einem fächerübergreifenden Projekt. In: AU 4+5/95, 69–74.

STORCH, W.: Mythos Orpheus. Texte von Vergil bis Ingeborg Bachmann. – Leipzig 1997.

STROH, W.: Ovid im Urteil der Nachwelt. — Darmstadt 1969.

WIMMERSDORF, H.: Einige Betrachtungen zu Orpheus und Eurydike in antiker und moderner Dichtung. In: Gymn. 64 (1957), 340 ff.

WÖHRMANN, J.: Ein für alle Male ist's Orpheus, wenn es singt. Eine mythisch-mythologische Gestalt in Text und Bild. In: AU 3/97, 21–35.

Epilog

Der „Epilog", mit dem Ovid sein Epos, das gewaltige Werk, beschließt, lässt eine mehrschichtige Interpretation zu. Es folgt unmittelbar auf den historisch-realen Teil des Epos, bewegt sich deshalb noch und gerade auch in der politischen Atmosphäre, gewinnt aber schließlich auch eine philosophische Tiefe. Der Dichter ist wieder ganz in seiner auktorialen Erzähler-Rolle präsent, er meldet sich persönlich zu Wort, stellt energisch und mehrfach sein Ich in den Vordergrund:

> opus **exegi** — spatium **mihi** finiat aevi — parte meliore **mei** — super alia astra **ferar** — nomen erit indelebile **nostrum** — ore **legar** populi — **vivam**

Das Ende *vivam* korrespondiert merklich mit dem Anfang der Metamorphosen *fert animus.* Das Werk, das zu schaffen ihn sein Herz drängt, ist seine Leistung, und mit diesem nun vollendeten Werk wird er, so seine Überzeugung oder Hoffnung, weiterleben. Weder Jupiters Zorn noch Feuer noch Schwert oder Alter werden ihm etwas anhaben können. Selbst wenn sein Leib zerfällt, wird er mit dem besseren Teil seines Ichs, mit seiner literarischen Schöpfung, überdauern, ewig gültig hinauf zu den anderen Sternen getragen; unsterblich wird sein Name sein.
Dieser Anspruch des Dichters mag in Spannung zum Geltungsbedürfnis der römischen Weltherrschaft stehen, dem Ovid eine ewige Fortdauer nicht zugesteht. Niklas Holzberg sieht darin sogar einen Affront gegen Kaiser Augustus. Worauf gründet sich Ovids Zuversicht, dass sein Werk nicht dem Dunkel des Vergessens verfällt? Auf das *verum*, das allen dichterischen Verkündigungen innewohnt:

si quid habent veri vatum praesagia, . . .

Man hat dieses *verum* zwar im Kontext unmittelbar zu verstehen als Wahrheitsanspruch der Zukunftsahnungen, die der Dichter kraft seiner Sehergabe (*vates!*) am Ende des Werkes ausspricht, doch erfasst es zweifellos zurückgreifend alle Aussagen, die der dichterischen Intuition und Phantasie über immer mögliche Existenzsituationen des Menschen gelungen sind. In solchen ‚Prophezeiungen' enthüllt sich die „Wahrheit des Mythos" (R. Pettazoni) in ihrer psychologischen und philosophischen Dimension.
Durch diese existenziellen Äußerungen, denen er durch die Kunst seiner Sprache eine bleibende Form gegeben hat, ist Ovid aktuell geblieben, wie die Rezeptionsgeschichte zeigt. Seine Ahnung verwirklichte sich in einem Punkte nicht ganz, im anderen mehr als erwartet: Augustus und seine Herrschaft sind nicht aus der Erinnerung der Menschheit verschwunden, sein eigener Ruhm dauerte in einem größeren Raum fort, als er es selbst für möglich hielt, in ganz Europa und darüber hinaus. Dafür sind nicht zuletzt jene Figuren verantwortlich, denen er eine so vitale und treffende Gestaltung verliehen hat, dass ihnen allmählich in Politik und Kultur Symbolkraft zugewachsen ist. Die Gestalten von Europa, Ikarus und Orpheus sind dafür ein deutlicher Beweis.

Tafelbild:

Vollendung des Werkes	**opus exegi**	*konstatierendes Perfekt*
↓	↓	↓
Wahrheit der prophetischen Äußerungen über den Menschen	**si quid habent veri vatum praesagia**	
↓	↓	
Fortleben durch ewigen Ruhm	**per omnia saecula fama vivam**	*prophetisches Futur*

Weiterführende Literatur

v. Albrecht, M.: Der Epilog. In: Consilia: Lehrerkommentare, Heft 7. Interpretationsvorschläge zu Ovids Metamorphosen. — Göttingen 1984.

Clade, R.: Menschlicher Wille und göttliche Ordnung. Eine Lektüreeinheit aus Ovids Metamorphosen. In: AU 22/3 (1979), 39–56.

Holzberg, N.: Einführung zu Ovids Metamorphosen. — München 1997.

ders.: Ovid, Dichter und Werk. — München 1997, 124 ff.

Mommsen, P.: Philosophische Propädeutik an den „Metamorphosen“ des Ovid. In: AU 28/1 (1985), 27–41.

Nickel, R.: Ovids Metamorphosen in der Mittelstufe. In: Latein in der Mittelstufe. AUXILIA 23. — Bamberg 1991, 93 ff.

Inhaltsverzeichnis